Booster son *Business*

Gagner de nouveaux clients
grâce au *Networking*…

Éditions d'Organisation
Groupe Eyrolles
61, bd Saint-Germain
75240 PARIS Cedex 05

www.editions-organisation.com
www.editions-eyrolles.com

Hervé Bommelaer

Booster son *Business*

Gagner de nouveaux clients grâce au *Networking*...

EYROLLES

Éditions d'Organisation

Le *Business Networking*, c'est beaucoup plus que de serrer des mains et de distribuer sa carte de visite. Il s'agit avant tout de bâtir sa force de vente gratuite. C'est autant une approche de « fermier » qu'un savoir-faire de « chasseur ». Le secret de la réussite consiste à cultiver méthodiquement des relations avec d'autres professionnels du business pour s'aider mutuellement à développer les affaires des uns et des autres.

Réseauter, c'est bon pour le *business*

Le *Networking* ne sert pas qu'à retrouver un bon job ou progresser dans sa carrière. Il constitue aussi une arme remarquablement efficace pour développer ses affaires et optimiser la croissance de son business.

Et, bonne pioche, c'est un des outils les moins connus du développement commercial !

Le *Business Networking* signe la fin de l'insupportable monopole de l'« appel froid ». Utiliser les techniques du Réseautage d'affaires pour la première fois, c'est comme découvrir le feu pour l'homme des cavernes. C'est la formidable révélation que :

- la prospection commerciale n'est pas une interminable suite d'appels téléphoniques auprès d'inconnus qui vous raccrochent plus ou moins poliment au nez ;
- l'appel chaud est tellement plus facile et efficace… qu'on se demande pourquoi on n'y a pas pensé plus tôt !

C'est aussi comprendre que, plus qu'un ensemble de techniques, le *Business Networking* constitue un art subtil, une posture différente, un état d'esprit particulier et une réelle philosophie de vie.

L'heure a sonné de faire partager à quelques super-privilégiés – VOUS, les heureux acheteurs de cet ouvrage novateur –, les meilleures pratiques et les secrets du *Networking* orienté développement d'affaires.

Ce livre a pour objectif de conférer aux dirigeants, commerciaux, consultants, professions libérales, etc. soucieux de développer leur chiffre d'affaires un avantage compétitif imparable face à leurs sympathiques mais néanmoins âpres compétiteurs.

Cet ouvrage se divise en trois parties proposant respectivement dix clés, dix exemples de cartographie réseau et dix outils.

ommaire

Le *Networking* au cœur du *business*

Le Réseau, arme méconnue des affaires

Le Réseautage est une démarche étonnamment efficace dans le monde des affaires, pour peu qu'elle soit bien comprise et bien utilisée, car vos futurs clients préfèrent toujours vous connaître *via* la recommandation d'une relation à laquelle ils accordent leur confiance. En d'autres termes, s'ils viennent à vous grâce aux conseils d'une personne considérée comme « sûre », vous bénéficiez, dès le premier rendez-vous, d'un avantage déterminant pour les convaincre de travailler avec vous.

Mais, pour réussir dans le *Business Networking*, il vous faut obligatoirement quitter l'amateurisme du « réseauteur du dimanche » et professionnaliser votre démarche. Il convient donc de comprendre et d'intégrer les règles du jeu et les techniques du *Networking* avant de vous lancer dans ce qui va bouleverser votre vision des affaires. Il est également indispensable de vous entraîner sérieusement et régulièrement pour obtenir, dès le début de votre activation, des résultats tangibles. Et, bonne nouvelle, vous constaterez que, en matière de Réseautage, il est possible – et très fortement recommandé – de progresser.

L'appel froid a vécu, vive l'appel chaud !

Depuis l'homme de Cro-Magnon, l'approche commerciale se caractérise par un usage intensif de l'appel froid. Qu'est-ce que l'appel froid ? C'est contacter, sans le connaître, un individu, identifié comme une cible intéressante. Pour le commun des mortels, ce type d'appel procure à peu près le même plaisir qu'une convocation impromptue de son inspecteur des impôts. L'appel chaud change tout ! Simplement parce que la prise de contact se fait grâce à la recommandation d'un connecteur bienveillant. C'est donc la meilleure façon de mettre en relation deux personnes qui ne se connaissent pas et leur permettre de faire affaire ensemble si le besoin de l'un correspond à l'offre de l'autre. Voilà pourquoi le *Business Networking* est une approche simple et révolutionnaire pour développer et fidéliser sa clientèle : simple, parce qu'elle est fondée sur le bon sens ; révolutionnaire, parce qu'elle n'est pas connue et donc pas utilisée.

Réseau et *Networking*

En France, le terme « réseau » est entaché de connotations négatives. Il est encore trop souvent assimilé à des pratiques occultes, voire louches. On l'associe ainsi à la drogue, à la mafia, à la prostitution, quand ce n'est pas au simple piston. La presse économique parle de plus en plus souvent des réseaux : le réseau de tel dirigeant en vue, les réseaux des grandes écoles, etc. mais pour le lecteur ordinaire, cet univers du réseau semble inaccessible.

Le terme anglo-saxon *Networking* ne traîne pas derrière lui cette mauvaise réputation. Il est beaucoup plus positif, et exprime une action en continu (littéralement « le réseau qui travaille »). Aussi, quand vous parlez de Réseau auprès d'un non-initié, utilisez plutôt le terme de *Business Networking* pour éviter que votre démarche soit rejetée par vos interlocuteurs du monde des affaires. Et puis surtout, comprenez que cette approche est applicable et profitable pour vous aussi, quel que soit votre domaine professionnel, du moment où vous avez quelque chose d'intéressant à vendre à des clients.

Networking, vous avez dit *Networking* ?

Le *Business Networking* désigne la création intentionnelle d'un système de dons/contre-dons entre des personnes qui trouvent un intérêt à coopérer et à s'entraider, dans le cadre d'objectifs de développement d'affaires clairement définis. Le Réseautage s'inscrit donc dans la durée, et nécessite d'instaurer un esprit gagnant/gagnant pour pouvoir fonctionner.

Faire du *Business Networking* ne consiste pas à connaître – ou croire connaître – un maximum de personnes. Les individus qui se gargarisent de compter plus de cinq mille contacts dans leur carnet d'adresses sont le plus souvent de pittoresques zigotos. Ils collectionnent des noms mais ne créent pas de liens. Créer et entretenir un Réseau d'affaires est un investissement à long terme, qui ne produit que progressivement ses fruits. L'important n'est pas qui vous connaissez mais qui vous connaît assez bien pour vous recommander. La réussite ne se mesure pas à la taille de votre Réseau, mais à votre capacité à l'activer pour atteindre votre objectif dans le temps imparti.

Les As et les autres

Certains professionnels pensent que le Réseautage est synonyme d'approche molle, passive et aphasique. Il s'agit pour eux de vaguement informer une sélection de contacts Réseau existants de ce qu'ils font, puis d'attendre paresseusement que les opportunités viennent à eux. Ces personnes sont obligatoirement déçues par les résultats de leur action et perdent trop de temps dans une action vouée dès le départ à l'échec. De plus, ces individus-là ont tendance à utiliser le *Networking* lorsque leurs affaires ralentissent et à l'abandonner dès que ces dernières repartent à la hausse.

En revanche, les As du Réseau considèrent le *Networking* comme un outil marketing proactif pour leur *business*. Ils en font un élément clé de leur stratégie commerciale. Ils connaissent leur cartographie Réseau. Ils déterminent un objectif. Ils effectuent un ciblage précis et possèdent un plan d'actions spécifique. Plus encore, ils pratiquent et vivent le *Networking* tous les jours.

Les grands *Networkers* ne sont jamais des solitaires. Ils savent s'entourer de professionnels qui travaillent avec plaisir pour eux. Ils n'ont pas besoin de passer leur vie à essayer de vendre dans la mesure où beaucoup de clients viennent à eux, prêts à acheter, par simple bouche à oreille.

Réseauter, un enseignement aux abonnés absents

Le *Réseautage business* est peu et mal utilisé car il n'est pas enseigné. Essayez de trouver un seul cours de *Networking* dans les universités et grandes écoles françaises de gestion ou d'ingénieurs en

France[1]. C'est étrangement la même chose aux États-Unis, où quelques rares *Business Schools* dispensent des cours sérieux sur ce sujet.

La raison de cette regrettable absence d'enseignement du *Networking* est liée, selon Ivan R. Misner, grand gourou du Réseau aux États-Unis, au fait que la majorité des professeurs de l'enseignement supérieur sont des salariés à temps plein et qu'ils n'ont jamais créé, repris ou même géré une entreprise. Selon lui, ces enseignants sont passés directement du statut d'étudiants à celui de professeurs sans avoir l'opportunité de prendre conscience de l'importance du *Business Networking*.

Réseauter, un style de vie

Réseauter *business* ne se résume pas à distribuer ses cartes de visite à n'importe qui et dans n'importe quelle occasion. Il s'agit d'une démarche réfléchie et professionnelle qui doit devenir, à terme, un style de vie. À ce titre, il faut adopter une véritable posture Réseau. Celle-ci se caractérise par :

- un grand respect de l'individu et de la communauté ;
- un véritable goût pour l'humain, l'aide et la solidarité ;
- une ouverture d'esprit à l'autre et à la différence ;
- une réelle curiosité d'apprendre et de rencontrer ;
- une volonté de toujours progresser.
- la compréhension que, dans le domaine des affaires, les professionnels ne font du *Réseau Business* qu'avec les personnes qu'elles apprécient et en qui elles ont confiance.

---

1. L'École des Mines et l'Istec sont *a priori* les deux seules écoles que je connaisse qui dérogent à cette règle.

Le Réseautage d'affaires efficace repose sur l'idée qu'il faut donner une chose avant de demander une autre chose. Cela ne constitue pas une tâche insurmontable du moment où on prend le temps de réfléchir. On peut en effet donner :

- un conseil judicieux ;
- une consultation gratuite ;
- une idée pertinente ;
- des renseignements utiles ;
- des personnes intéressantes à contacter de notre part ;
- et bien sûr un excellent service.

Pas tous égaux devant le Réseau

Dans le domaine du Réseautage d'affaires, l'égalité n'existe pas. Si certains ont le Réseau ancré au plus profond de leur ADN, d'autres sont réfractaires à toute forme de *Business Networking*. Entre ces deux extrêmes, on trouve la grande majorité des personnes, toutes celles qui ont ni inclination particulière ni aversion déclarée vis-à-vis du Réseau. C'est cette population qui a le plus à gagner à appliquer la stratégie du Réseautage au service de son développement commercial.

Les surdoués du Réseau ont cependant intérêt à travailler leur talent inné, ils n'en deviendront que meilleurs. En revanche, on ne peut rien faire pour les réfractaires. Mieux vaut ne pas leur faire perdre de temps en formations inutiles et en lectures stériles sur le sujet. Ils se concentreront sur des outils différents et opéreront autrement. De même, ne leur demandez pas de jouer le jeu du *Réseau Business* lorsque vous aurez besoin d'eux, vous risquez d'être déçu. N'oubliez pas que leur « disque dur » n'est pas programmé comme le vôtre !

PARTIE 1

Les dix clés
du *Networking*
pour doper son *business*

Maîtriser l'art du *business Networking*

Professionnaliser sa démarche

De nombreuses personnes se lancent dans le *Réseau business* sans maîtriser les principes de son fonctionnement. De ce fait, elles n'obtiennent aucun résultat. Beaucoup de personnes font aussi du *Business Networking* comme Monsieur Jourdain faisait de la prose et revisitent inlassablement le bêtisier des amateurs. Leur maladresse ne leur permet pas de tirer la quintessence de l'outil et elles ne produisent que de médiocres résultats. De ce fait, elles n'utilisent pas cet outil et le critiquent injustement.

Pour s'assurer le succès, il leur faut d'abord acquérir le vocabulaire et la grammaire du Réseau. Le *Networking* est à la fois un art et un état d'esprit. C'est aussi toute une série de techniques qui ont fait leurs preuves et qui évoluent avec le progrès technologique. Il n'y a pas une seule bonne façon de faire du Réseautage efficace, mais je peux vous assurer qu'il en existe des milliers de façons de faire du grand n'importe quoi en la matière.

La confiance,
le socle intangible du Réseautage

Le Réseautage d'affaires efficace repose sur la confiance : celle que l'on inspire et celle que l'on accorde à ses interlocuteurs. Sans confiance réciproque, le Réseau ne fonctionne pas, les rencontres ne se réalisent pas, les opportunités ne se présentent pas et le *business* ne décolle pas. La confiance se construit dans la durée. Elle peut exister au premier regard ou se créer lors d'une première rencontre, mais elle ne se solidifie qu'avec le temps. Quand vous recommandez quelqu'un à une autre personne, vous mettez votre réputation en jeu. Vous avez besoin de faire confiance aux deux personnes que vous mettez ainsi en contact : celui qui contacte de votre part et celui qui est contacté. On ne donne pas de recommandation à quelqu'un en qui on n'a pas confiance. De même, on n'adresse jamais personne à une relation – si proche soit-elle – dont on n'est pas sûr.

Pas de chance, les Français sont les champions du monde de la méfiance. En effet, Yann Algan et Pierre Cahuc dans leur livre *La société de défiance*, se désolent qu'à la question « Faites-vous confiance à quelqu'un que vous ne connaissez pas ? », la France arrive avant-dernière sur un total de 27 pays interrogés. C'est regrettable parce que la confiance est le socle d'un Réseautage efficace et le lubrifiant indispensable dans les rouages complexes de toute relation humaine.

Une relation
de professionnel à professionnel

Les Réseauteurs amateurs commettent tous la même erreur : ils croient que le Réseau se cantonne à leurs proches (famille, amis et relations proches). En faisant ainsi confiance à leurs liens forts, ils se leurrent. Ce n'est pas votre cercle intime – les cinq à douze personnes qui vous entourent et que vous voyez souvent – qui va vous aider à réaliser vos objectifs. Force est de constater que le Réseau fonctionne mieux quand les domaines relevant de l'intime, de la famille et de l'amical n'interfèrent pas. Vous aurez toujours beaucoup plus de facilités à coopérer avec des relations de type professionnel. En effet, quand deux « pros » se rencontrent et échangent, ils se trouvent plus aisément sur le même terrain : celui du *business*.

En France, il n'est pas recommandé de faire des affaires en famille ou avec ses amis proches, les domaines personnels et professionnels ne faisant pas bon ménage.

> *exemple*
>
> Un de mes clients, patron d'une agence de publicité, s'étonnait un jour devant moi qu'un de ses meilleurs amis occupant un poste de direction générale chez un géant de l'alimentaire ne lui confie pas un de ses budgets publicitaires. Je lui conseillai de mettre les pieds dans le plat et de lui demander pourquoi. La réponse fusa : « Parce que tu es mon meilleur ami. Et que cela pourrait passer pour du favoritisme aux yeux de mes proches collaborateurs. »

Vos proches ont du mal à mélanger les genres, le personnel et le professionnel. De plus, ils sont souvent gênés d'être sollicités parce qu'ils ont la désastreuse impression de favoriser une forme de piston, avec tous les dangers que cela comporte pour eux-mêmes, vis-à-vis de vous et de leurs relations.

La force des liens faibles

Les « liens faibles » se révèlent les meilleurs Réseauteurs et connecteurs. Les liens faibles sont constitués de toutes les personnes que l'on connaît un peu ou que l'on n'a pas encore rencontrées. Beaucoup d'apprentis Réseauteurs ont peur de renouer avec d'anciennes relations : ils craignent d'être rejetés ou d'avoir été oubliés. L'expérience montre que les retrouvailles ainsi provoquées suscitent de très bonnes surprises. Simplement parce que vous faites partie de l'histoire des personnes recontactées et que celles-ci sont réellement contentes de vous revoir.

En ce qui concerne les gens que vous ne connaissez pas, le fait de bénéficier d'une recommandation vous permet de ne pas être un total inconnu mais la relation d'une relation, ce qui constitue une situation beaucoup plus confortable. Par ailleurs, si le fait d'être la connaissance d'une relation commune vous ouvre beaucoup de portes, c'est votre personnalité et votre professionnalisme qui vont vous permettre de bénéficier d'un échange fructueux et durable avec votre interlocuteur.

Un échange gagnant-gagnant

Le Réseauteur amateur commet l'erreur classique de ne regarder que son seul intérêt. Or s'inscrire dans une dynamique gagnant-gagnant constitue un critère clé de réussite du *Networking* orienté *business*. Pour cela, il est essentiel de comprendre qu'il faut aider pour espérer être aidé et qu'il est inutile et improductif de mesurer le retour sur investissement des services que l'on rend aux autres. Les gens vous aideront si vous commencez par leur donner un coup de main. Réseauter, c'est d'abord aider les autres à atteindre leurs objectifs.

Pour la plupart des êtres humains, rendre service est gratifiant. Cela permet de se sentir utile et apporte la satisfaction de montrer une facette positive de sa personnalité. Inciter ainsi une personne à vous apporter son aide représente une façon d'entrer dans une relation gagnant-gagnant. Le bon *Networker* s'intéresse avant tout au succès des personnes qu'il rencontre et des personnes de son réseau. La preuve : beaucoup de personnes ayant réussi admettent, à la fin de leur carrière, que leur succès est lié à l'aide de quelques personnes qui les ont accompagnées à des moments clés de leur parcours professionnel.

Respecter sa parole

Il n'existe pas pire Réseauteur que la personne qui ne respecte pas ses engagements. Votre plus grand actif en matière de *Business Networking* n'est pas votre carnet d'adresses existant, mais votre capital image. En ne tenant pas vos promesses, vous risquez de ruiner votre réputation et il vous sera difficile de corriger votre image une fois celle-ci écornée. Il est ainsi mille fois préférable d'égarer votre répertoire avec les centaines de noms et de coordonnées s'y trouvant que de perdre votre réputation dans les différentes communautés d'affaires où vous rayonnez !

Le Réseau n'est pas naïf et gentil. *Networking* ne rime absolument pas avec compassion et pardon. Disons-le brutalement : le Réseau n'aide que les gens qui s'aident eux-mêmes. Il peut être impitoyable avec ceux qui ne tiennent pas leurs promesses. Si vous vous engagez à faire quelque chose, faites-le en temps et en heure ! Il en va de votre image dans le monde du *Networking*. Attention aussi à ne pas promettre trop de choses que vous ne pourriez pas honorer, faute de temps ou de volonté.

Le savoir-vivre, carburant du *Networking*

La politesse représente une règle capitale à respecter lorsque l'on active le Réseau. Dans la mesure où le *Business Networking* est fondé sur les relations que les personnes créent et entretiennent entre elles, le savoir-vivre constitue un élément fortement différenciateur entre le bon et le mauvais Réseauteur. La politesse constitue un avantage compétitif dans le monde des affaires et les spécialistes de la formation feraient bien de l'inclure dans leurs catalogues de séminaires !

Le savoir-vivre s'avère essentiel, le Réseau ayant une bonne mémoire. Il ne pardonne pas. Pour optimiser son efficacité, vous devez en respecter scrupuleusement les règles et les bonnes pratiques. Ne décevez pas le Réseau car, le cas échéant, vous en serez exclu *manu militari* et vos affaires péricliteront lamentablement. Ainsi, ne harcelez jamais un prospect recommandé sous peine d'un effet boomerang immédiat et dévastateur. Et puis, pensez à toujours dire et écrire MERCI.

Donner avant de recevoir

Pour activer le Réseau, il faut commencer par donner. Pour espérer recevoir, il faut être généreux. On peut donner beaucoup de choses dans le *Business Networking*. On peut donner de son temps, des conseils, des informations, des contacts, des idées, des nouvelles, etc. Celui ou celle qui ne comprend pas cette règle du jeu incontournable du Réseautage d'affaires prend le risque de se faire boycotter par ses pairs, partenaires et relations professionnelles.

Nous connaissons tous autour de nous ces profiteurs du Réseau qui ne font que prendre sans jamais donner. D'une manière ou d'une autre, nous les écartons peu à peu de notre route car ils ne respectent par la philosophie du *Networking*. Mais attention, s'il est aisé de juger les autres et de les classer dans la catégorie des profiteurs, il convient d'être particulièrement vigilant vis-à-vis de soi-même car, sans s'en rendre compte, nous pouvons aussi par inadvertance tomber dans ce travers.

Effets secondaires garantis

Le *Réseau Business* ne sert pas uniquement à développer son chiffre d'affaires et augmenter sa profitabilité. Il comporte aussi des effets secondaires hautement bénéfiques.

Tout d'abord, le Réseautage rompt l'isolement dans lequel s'enferment certains experts. Ce faisant, il améliore la vie de ces personnes, il optimise leur énergie et leur santé comme l'ont démontré un certain nombre d'études sur le monde du travail.

Ensuite, le *Business Networking* permet de bénéficier d'un flux continu d'informations. Dans un monde surinformé où il est facile de perdre beaucoup de temps à trouver la bonne réponse à une question, un réseau bien organisé est un atout majeur dans la collecte de la bonne information en temps réel.

Enfin, le *Networking* comporte un autre effet secondaire bénéfique : il vous aide à vous former en permanence quel que soit le domaine dans lequel vous désirez progresser. Ainsi, n'hésitez pas à le solliciter dès que vous en ressentez besoin, il vous fournira toujours le bon formateur gratuit.

Formater son offre optimale

Cerner son marché

Avant toute chose, il vous faut déterminer précisément le marché que vous visez. Il s'agit simplement de définir votre clientèle idéale. Ce sont les personnes qui doivent être exposées à votre message et pour lesquelles vous allez développer votre programme de marketing et de communication. Même si vous avez une idée précise de vos prospects prioritaires, il est toujours utile de vous poser régulièrement les questions suivantes :

- qui sont mes clients potentiels ?
- comment viennent-ils à moi ?
- pourquoi me choisissent-ils ?
- quel est le segment de mon *business* qui me donne le plus de plaisir ?
- quel est le segment de mon *business* qui est le plus profitable ?

Je vous conseille d'effectuer ce travail avec un ami, un pair ou un consultant professionnel pour bénéficier d'un œil extérieur sur un sujet que vous pensez sans doute parfaitement maîtriser.

Je vous recommande également d'écrire sur un document le produit de vos réflexions et de le garder précieusement.

Si vous procédez à cette analyse de votre marché deux fois par an, vous constaterez au fil du temps que vos réponses évolueront. Cela vous permettra d'affiner progressivement votre vision et, le cas échéant, de la modifier plus rapidement quand le contexte du marché changera.

Étudier la concurrence

Dans les missions de conseil en *Business Networking* que j'effectue régulièrement, la proportion de mes clients qui ne s'intéresse pas à leur univers concurrentiel constitue toujours un facteur d'étonnement pour moi.

Il est évident qu'il est impossible d'établir son offre face à la concurrence si l'on n'a pas pris le temps d'identifier ce que chaque autre compétiteur propose aux clients et prospects. Étudier et suivre attentivement l'activité de vos principaux concurrents, fait partie de la mise en place de votre *Réseau Business*. Dites-vous bien qu'ils scrutent vos faits et gestes à la loupe pour vous dépasser à la moindre faiblesse.

Un bon conseil : ne méprisez surtout pas vos concurrents ! S'ils sont moins bons que vous, méfiez-vous car ils sont en train de travailler d'arrache-pied pour vous dépasser. S'ils sont meilleurs que vous et que vous ne l'avez pas remarqué, votre *business* est en péril.

Pour un marketing de niche

Vous ne pouvez pas être partout, il faut choisir un terrain d'action à la mesure de vos possibilités et de vos ambitions. Opter pour un marketing de niche est une décision difficile pour un professionnel ambitieux, mais l'expérience montre que cela constitue toujours un choix profitable sur le moyen et long terme.

En ciblant une niche, la spécificité du service ou du produit que vous proposez est beaucoup plus crédible. De même, vous créez plus facilement un effet de bouche à oreille favorable. Les recommandations sont plus aisées à obtenir et, la concurrence étant moins nombreuse, vous vous battez avec plus d'atouts face à vos compétiteurs. La plupart des clients qui viennent me voir pour utiliser le *Business Networking* afin de lancer leur activité ont une vision boulimique de leur marché. Ils pensent que plus leur offre est large, plus leur ciblage est vaste, plus ils ont de chances de séduire un maximum de clients. C'est mon rôle de leur expliquer combien cette vision constitue une erreur qui se paye cash. En effet, savoir jouer de tous les instruments d'un orchestre est certainement passionnant, mais personne ne songe à engager un homme-orchestre !

Une offre claire et de qualité

Déterminez ce que vous vendez. Et exprimez-le de la façon la plus claire et simple possible. Il est toujours frappant de constater le nombre de personnes qui ne savent pas expliquer leur offre en quelques mots. Ils sont souvent tellement plongés dans le quotidien de leurs affaires qu'ils présentent leur offre de service sous forme d'un long monologue jargonneux, provoquant une irrésistible somnolence.

Testez régulièrement votre offre auprès de clients acquis ou amis :

- est-elle facilement compréhensible ?
- en quoi est-elle unique ?
- est-elle attractive ?
- le « bénéfice client » est il clair et parlant ?

Pour être recommandé par un de vos contacts, il faut que votre offre soit de toute première qualité. Ne vendez pas un produit, vendez une solution efficace à un problème précis. Vos clients vous apprécient lorsque vous leur rendez le meilleur service attendu. Ils deviennent fidèles quand vous dépassez leurs attentes. Ils se transforment en fidèles ambassadeurs dédiés à votre cause quand vous marquez leur esprit par une qualité de service sortant de l'ordinaire.

Faites alors en sorte de leur donner toujours plus en valeur d'usage que ce que vous prenez en rémunération. Nous accordons notre confiance aux personnes qui nous apportent un excellent service, à celles qui respectent à la lettre leurs engagements, à celles qui donnent plus ce qu'elles ont promis, à celles qui nous surprennent en pensant à nous et en devançant nos attentes et besoins. Demandez toujours à vos clients et à vos prospects ce qu'ils attendent de vous. Soignez particulièrement le service après-vente. Un client satisfait de vous parlera facilement de vous à un prospect alors qu'un client mécontent se répandra en horreurs sur votre compte auprès d'une partie de son réseau.

Choisir son positionnement

Votre action de *Business Networking* doit vous permettre de rendre votre offre visible par un grand nombre de personnes ciblées en fonction de votre objectif. Pour cela, il s'avère essentiel de déterminer le positionnement – et donc l'image – que vous désirez communiquer autour de vous. Un maximum de personnes doivent comprendre qui vous êtes et ce que vous proposez de différent. La partie la plus difficile dans le positionnement est de choisir le concept spécifique qui va vous singulariser et susciter l'intérêt de votre public cible.

Pour faciliter la mémorisation de votre discours auprès des personnes que vous rencontrez, il est primordial d'adopter un positionnement simple, clair, différenciant et impactant. Pour définir un positionnement unique, spécifique et vendable, n'hésitez pas à réunir un groupe de professionnels qui accepte de réfléchir avec vous. Organisez une session de « remue-méninges » pour optimiser la communication de votre offre. J'ai pu constater, en plusieurs occasions, combien ces séances de *brainstorming* sur le positionnement d'un client ont pu lui faire gagner du temps et de l'efficacité dans le cadre de son développement commercial.

Vendez votre offre avec passion

Les As du *Business Networking* sont des personnes enthousiastes et motivantes. Si vous offrez un service exceptionnel mais que vous en parlez avec une voix morne et une énergie de 4 volts, vous ne vous distinguerez pas de vos concurrents et vous n'attirerez aucun client. Si votre message de vente est un assemblage de faits, de chiffres et de caractéristiques, vous ne développerez jamais votre chiffre d'affaires.

Vous n'avez pas le choix. Vous devez absolument trouver un message original qui vous différencie de vos principaux compétiteurs, attire l'intérêt de vos prospects et mette en avant votre proposition unique de vente (*Unique Selling Proposition* en anglais). Vous ne pouvez pas vous permettre d'être ordinaire et sans aspérités. Votre message doit être véhiculé avec conviction et enthousiasme. Si vous n'êtes pas passionné par ce que vous faites et vendez, qui le sera ? Dans le domaine du *Business Networking,* un manque de précision et de passion explique souvent l'échec final.

Cartographier sa galaxie réseau

Répertorier son réseau

Avant de débuter votre Réseautage orienté *business*, il est indispensable de faire l'inventaire de vos connexions. Pour cela, il convient de lister toutes les personnes que vous connaissez ou que vous avez connues dans votre existence. Faites appel à votre mémoire, prenez votre répertoire de contacts, épluchez vos agendas des années passées, feuilletez votre classeur de cartes de visite, regardez vos annuaires d'anciens élèves, précipitez-vous sur Viadeo, LinkedIn et autres, Google, 123people et WebMii.

Pour obtenir la liste la plus exhaustive possible de l'ensemble de vos relations, faites l'inventaire des personnes que vous connaissez dans les sphères suivantes : famille, amis, amis d'amis, anciennes et actuelles relations de loisirs, voisins, anciens de collège-lycée, d'enseignement supérieur, de sociétés précédentes, collègues actuels, personnes dans la même profession que vous mais pas concurrents directs, compétiteurs directs, jeunes retraités de votre métier, personnes ayant quitté votre métier pour en exercer un autre, clients, anciens clients, fournisseurs, anciens fournisseurs, membres d'organisations professionnelles, relations d'affaires, personnes œuvrant dans le monde associatif, consultants, coachs, avocats, juristes, formateurs, professeurs, hommes politiques, journalistes, auteurs gravitant dans votre métier, autres.

Cartographier son écosystème

La suite de votre démarche consiste à cartographier votre galaxie Réseau. À chaque métier, à chaque activité correspond une cartographie précise et unique.

Voici les catégories les plus communes : les clients fidèles, les clients irréguliers, les anciens clients, les prospects, les apporteurs d'affaires, les prescripteurs, les préconisateurs, les veilleurs, les autres.

À ce stade, il faut classer chaque membre de votre réseau dans les différentes catégories de votre écosystème. Dans la deuxième partie de ce livre, je donne dix exemples de cartographie du Réseau de différentes professions. Chaque fois qu'un professionnel vient me rencontrer pour optimiser son activation de réseau, je commence toujours notre travail par la cartographie de l'écosystème de son *Business*. Cela constitue la base de toute réflexion et stratégie Réseau.

How deep is your Network ?

Ce n'est pas parce que l'on connaît un peu les gens qu'on peut tout leur demander. Le mauvais *Networker* se reconnaît à ce qu'il croit pouvoir compter sur toutes les personnes qu'il a rencontrées, même si le contact établi a été superficiel. Avoir un bon contact ne constitue pas l'assurance de faire une bonne connexion. L'essentiel n'est pas « qui vous connaissez », c'est « la qualité de relation vous avez établi avec lui ».

Il n'est pas nécessaire que votre réseau soit très étendu, il a seulement besoin d'être d'excellente qualité. Or la plupart des gens se trompent de combat et privilégient la quantité à la qualité. Plus exactement, il faut adapter la taille de votre réseau à votre type d'activité. Certaines professions peuvent ainsi avoir besoin d'un réseau beaucoup plus vaste que d'autres.

Quoi qu'il en soit, pensez à renouveler de façon permanente vos contacts car plus vous avancez en âge, plus vous risquez de vous retrouver avec un réseau de retraités.

exemple

Une de mes relations est un acteur incontournable dans le petit monde de la télévision. Il attribue son succès et sa longévité à sa capacité de développer et entretenir son réseau dans un univers où les décideurs clés apparaissent et disparaissent rapidement.

Stop aux réseaux de clones

En matière de Réseautage, on ne sait jamais qui connaît qui. Une clé du succès du *Networking* est la diversité. Réseauter uniquement avec des personnes qui sont dans le même univers que vous, qui ont le même type de clients que vous, constitue une grande erreur. Il faut certes les inclure dans votre réseau mais il ne faut pas se limiter à eux seuls.

C'est une tendance humaine de se rapprocher de ceux qui nous ressemblent : âge, métier, race, statut social, etc. Plus on réseaute dans les mêmes cercles, plus on a de difficultés à créer de nouvelles connexions. Un réseau diversifié permet d'accroître les possibilités d'inclure dans votre réseau des « passerelles », c'est-à-dire des personnes qui sont transverses sur plusieurs cercles. Elles constituent les « portiers » des groupes nouveaux, elles créent les raccourcis.

Conclusion : ne développez pas paresseusement un réseau homogène de clones mais plutôt un réseau hétérogène à fortes aspérités.

Utiliser le « super-connecteur »

Pour faciliter et accélérer votre Réseautage d'affaires, je vous recommande de systématiquement repérer les « super-connecteurs », ces personnes rares, qui non seulement connaissent beaucoup de monde, mais bénéficient en outre de la capacité naturelle à mettre les gens en contact. Ils occupent un rôle crucial dans le bon fonctionnement du Réseau parce qu'ils sont capables de faire se rencontrer des groupes de personnes très différentes.

Les « super-connecteurs » sont à classer dans une catégorie bien à part de votre listing Réseau. Ils méritent un traitement VIP car, grâce à leur carnet d'adresses et à leur talent de mise en relation, ils peuvent vous faire gagner un temps précieux. Ils se distinguent par le fait qu'ils donnent beaucoup et se connectent tout autant. Pour les détecter dans votre entourage, il suffit de lister les 250 personnes que vous connaissez et de mettre à côté de chaque nom ainsi trouvé, le patronyme de la personne qui vous a présenté. Dès qu'un individu est mentionné plus de trois fois, bingo ! Vous avez détecté un « super-connecteur ».

Concurrents et alliés

Vos concurrents jouent un rôle important dans votre réussite parce qu'ils vous poussent à livrer le meilleur service possible pour gagner face à eux. Ils peuvent aussi vous donner des idées d'amélioration de votre offre pour vous adapter à l'évolution qu'ils impriment sur le marché. En d'autres termes, un concurrent dynamique est paradoxalement une aubaine pour améliorer la qualité de votre *business*.

Vos compétiteurs peuvent aussi être des apporteurs d'affaires ! Je vous recommande de les rencontrer et d'entretenir de bonnes relations avec eux. S'ils vous apprécient et vous font confiance, ils sont en mesure de vous envoyer des affaires qu'ils ne peuvent pas traiter faute de temps ou parce qu'elles sont davantage dans votre champ d'expertise que dans le leur. Pour ma part, dans mon métier, une partie de mon activation du Réseau est consacrée à une sélection de compétiteurs avec lesquels j'ai construit des relations d'estime et de confiance.

Établir une stratégie de *Networking* gagnante

Une stratégie Réseau adaptée

Le Réseau, c'est avant tout une affaire de stratégie élaborée et appliquée systématiquement. Professionnaliser son activation du *Réseau Business* commande d'élaborer et de suivre une stratégie précise. Il n'existe pas une seule bonne stratégie Réseau mais différentes options pertinentes en fonction d'un positionnement identifié, d'un objectif donné et d'un contexte particulier.

Établir votre stratégie de *Networking Business* nécessite de déterminer votre objectif principal, vos objectifs intermédiaires, vos cibles Réseau, votre plan d'action et de mesurer vos résultats.

**Thierry Jonquois – Openedmind –
Une stratégie Réseau en action**

Je suis formateur vacataire dans plusieurs associations professionnelles où je prodigue des formations à des futurs prospects potentiels. Je suis actif dans les réseaux professionnels des sociétés dans lesquelles j'ai travaillé (Unilever, Bongrain, etc.). Je tiens informé mes contacts de mes missions et des nouveaux produits, études et conseils marketing afin de transformer ces anciens collaborateurs ou collègues en ambassadeurs de mon offre.

J'active les réseaux professionnels des prestataires marketing ventes complémentaires qui travaillent les mêmes cibles que moi (réseaux Syner'J, So What Alliance, Coach Europ). Nous avons entre nous des contrats d'apporteurs d'affaires.

Je participe à des salons et conférences (Devcom, Salon des micro-entreprises, Village de l'Adetem, Salon des entrepreneurs, Sial, Salon de la MDD, etc.) en tant qu'exposant ou non, mais aussi et surtout, en tant que conférencier.

J'ai un emploi du temps chargé et j'investis beaucoup sur les rencontres déjeuner, sur les dîners et même sur du réseau le week-end.

Je privilégie les rencontres en face-à-face et soigne les temps forts de l'année pour communiquer par courrier postal personnalisé avec mes clients et mon réseau. J'envoie mes *success stories* et ma *newsletter*.

Enfin, je n'oublie pas les vœux de fin d'année personnalisés et même, pour certains, les anniversaires.

Déterminer un objectif principal

Si vous ne savez pas où vous souhaitez aller, aucune route ne vous y mènera. En d'autres termes, si vous n'avez pas de but, vous êtes condamné à l'échec ! Aussi, pour activer efficacement votre *Réseau Business*, fixez-vous un objectif clair et précis : identifier, préciser et savoir énoncer son but constituent la base de la pratique du Réseau. C'est une fois son objectif fixé que l'on peut déterminer quelles relations nouer, quels réseaux fréquenter et quelles demandes recevables lui adresser.

Le *Business Networking* s'assimile à la balistique : plus l'objectif est précis, plus vous avez de chances de l'atteindre. Aussi concentrez-vous d'abord sur un seul objectif. Votre objectif doit être SMART, c'est-à-dire Spécifique, Mesurable, Ambitieux, Réaliste, *Timé*.

Identifier les objectifs intermédiaires

Pour atteindre son but principal, l'expérience montre qu'il faut se fixer des objectifs intermédiaires, cohérents et pertinents par rapport à sa stratégie. Ces étapes intermédiaires s'avèrent indispensables parce qu'elles balisent le lent cheminement vers le succès. Elles se comparent aux différents camps d'altitude qui jalonnent le parcours de l'alpiniste.

Ce n'est qu'une fois ces objectifs intermédiaires définis que l'on peut établir un plan d'action efficace et réalisable.

Dans mon domaine spécifique de l'accompagnement professionnel grâce au *Networking*, mes objectifs intermédiaires, dès le départ, étaient :

- de donner des conférences ;
- d'écrire des articles dans des revues choisies ;
- de publier un livre ;
- de donner des cours aux cadres supérieurs ou étudiants sur mon métier ;
- de me faire connaître des journalistes spécialisés.

Choisir ses cibles

La flèche du Réseauteur professionnel touche toujours le mille de la cible, alors que le *Networker* amateur, tel un archer paresseux, attend que la cible vienne à lui. Pour être efficace dans votre action de *Business Networking*, il est indispensable d'identifier les contacts prioritaires à réactiver ou à rencontrer dans le cadre de votre *Réseau Business*. Quelles sont les personnes avec qui il est nécessaire de lier ou d'entretenir des relations professionnelles durables, compte tenu de l'objectif fixé ?

Prenez le temps d'y réfléchir sérieusement et faites l'exercice de lister les noms des personnes et des entreprises issus de vos réflexions. Écrivez le produit de vos cogitations. Incorporez cette liste dans votre écosystème de Réseautage. En effet, ne vous laissez surtout pas enivrer par le Réseau et la multitude de contacts qu'il procure, sous peine d'y passer trop de temps et d'en faire une activité chronophage et improductive. Encore une fois, c'est dans ces choix nécessaires que la différence se manifeste entre le professionnel et l'amateur.

Déterminer son plan d'action

Une fois vos objectifs et vos cibles correctement identifiés, il est temps de passer à l'action. Pour être efficace, il existe un secret : il faut écrire son plan d'action. Celui-ci prend la forme d'un *Business Networking Plan* où vous faites figurer la définition de votre offre, votre objectif principal, vos objectifs secondaires, votre écosystème Réseau existant, vos cibles, votre programme d'action programmé dans le temps.

exemple

Au début de l'année 2009, j'ai ainsi accompagné un chasseur de têtes qui désirait mener une action de *Business Networking* pour atténuer la baisse de son chiffre d'affaires liée à la crise économique.

Nous avons passé beaucoup de temps sur son écosystème Réseau actuel et nous avons constaté qu'il était plus vaste que ce qu'il pensait initialement, et surtout qu'il était en grande partie laissé en friche. Puis nous avons effectué une réflexion stratégique sur les secteurs prioritaires à cibler en temps de crise, afin de lister les cibles à approcher en priorité.

À partir de ce travail préparatoire, il a été possible d'établir un plan de *Business Networking* qui a permis de réorienter de façon opportune, durable et profitable les activités de ce spécialiste du recrutement.

Ouverture aux cibles d'opportunité

Être concentré sur son objectif et sur ses cibles ne signifie pas qu'il faut rester imperméable aux occasions de rencontre dont la vie quotidienne recèle. En effet, plus vous êtes connecté, plus vous êtes recherché. Il s'agit donc d'utiliser la fameuse sérendipité, c'est-à-dire l'art d'exploiter les opportunités inattendues car non spécifiquement recherchées.

Le Réseau possède cette dimension magique de vous proposer des choses auxquelles vous n'avez jamais pensé. Mais pour que l'on vienne à vous avec ce type d'idées, il faut que vous soyez particulièrement bien visible et lisible dans votre écosystème professionnel. De même, pour savoir saisir ces opportunités, vous devez garder un esprit particulièrement curieux et ouvert. Si vous gardez en permanence la tête profondément enfoncée dans le guidon de vos affaires, vous passerez obligatoirement à côté d'occasions en or pour diversifier ou développer votre activité.

Mesurer ses résultats

Le *Networking* est avant tout un sport de contact. Comme pour toute activité sportive, il faut intégrer les règles et la technique, s'entraîner et puis pratiquer. De même, pour progresser dans cette activité, il convient de suivre régulièrement ses résultats. Dans ce but, il faut avoir des objectifs chiffrés : en termes de progression de chiffre d'affaires, de nombre de nouveaux contacts par mois, de déjeuners Réseau par semaine, d'événements annuels auxquels participer, etc.

Deux fois par an, pendant l'été et à la trêve de Noël, il faut prendre la mesure de son action. Pour cela, référez-vous à votre *Business Networking Plan* pour déterminer si vous avez atteint les objectifs que vous vous êtes assignés. Au fil des années – et je suis bien placé pour en témoigner –, vous serez surpris par deux choses :

- la capacité à dépasser vos objectifs initiaux, ce qui pousse à se fixer de nouveaux objectifs plus ambitieux pour la période suivante ;
- la possibilité qu'offre le *Business Networking* de saisir des opportunités absolument non prévues au départ, et qui se révèlent extrêmement intéressantes.

Avoir le bon réflexe

Si quelqu'un de votre réseau vous dit : « Si je peux faire quoi que ce soit pour t'aider dans tes affaires, dis-le moi », que répondez-vous ? Si vous lui rétorquez : « C'est très gentil de ta part, mais je n'ai besoin de rien », vous faites comme l'immense majorité des gens et vous avez tout faux. En effet, si vous n'êtes pas préparé à accepter l'aide de votre réseau, celui-ci ne vous la proposera sans doute pas deux fois. Vous gâchez ainsi une opportunité de resserrer des liens avec des contacts qui seraient heureux de vous donner un coup de main pour développer vos affaires.

Soyez préparé à accepter de l'aide et, avant tout rendez-vous réseau, réfléchissez à ce dont vous avez besoin et en quoi la personne que vous allez rencontrer peut vous permettre d'avancer vers votre objectif. Bien entendu, il faut que vos demandes soient bien calibrées en fonction de vos interlocuteurs. Vous ne pouvez pas demander n'importe quoi, mais seulement ce que la personne peut facilement – et avec plaisir – vous donner.

Prendre contact efficacement

Vous êtes assis sur une mine d'or

Dans les bonnes vieilles conventions commerciales, il existait une astuce pour frapper l'imagination des vendeurs : il s'agissait, à la fin de la présentation, de leur dire qu'ils étaient assis sur une mine d'or, de les faire tous se lever et de les inviter à découvrir le billet de 100 euros glissé sous leur siège. En matière de *business*, c'est la même chose : vous êtes assis sur une mine d'or. Mais pour trouver le bon filon, il vous faut vous lever et Net-wor-ker.

Une démarche Réseau dans le cadre du développement de *business* facilite la vie du commercial qui n'est pas doté d'un mental de « vendeur » de choc. En effet, tout le monde n'est pas un « super-commercial », expert confirmé de l'appel froid, doté d'une exceptionnelle résistance à l'échec, sorte de Terminator de la prospection commerciale dans le dur.

La force est dans la recommandation

L'arme absolue de l'approche en matière de *Réseau Business* est la re-co-mman-da-tion. Que vous soyez commercial ou consultant, le *Networking* constitue le nec plus ultra pour prospecter et trouver de nouveaux clients. Comment ? Simplement en rencontrant vos cibles identifiées, une à une, muni de la clé de toutes les portes : une recommandation de qualité.

La force de l'outil Réseau réside dans le fait que, grâce à la recommandation, les portes des cibles s'ouvrent, et qu'il est possible d'établir un premier contact positif avec elles. Le plus souvent, il n'y a pas de transaction à l'issue de la rencontre. L'essentiel est de créer le lien, le *Business Networking* n'ayant de sens et d'efficacité que dans la durée de la relation et dans la confiance qui s'instaure entre les deux professionnels concernés.

De l'appel froid à l'appel chaud

Quand on appelle un prospect sans recommandation, on se trouve en situation d'appel froid. Comment vous sentez-vous lorsque vous saisissez bravement votre téléphone pour appeler cette cible inconnue ? Je vais vous le dire : vous n'êtes pas très bien dans vos chaussures et vous recevez un uppercut au menton quand votre interlocuteur vous envoie au diable. Dans ce schéma, en moyenne, on décroche un rendez-vous sur dix tentatives. Ce chiffre peut être légèrement amélioré en fonction du talent de l'orateur, de la qualité du ciblage et de la pertinence du discours. L'approche Réseau signifie la possibilité d'éviter l'appel froid.

L'utilisation d'une recommandation change tout. Lorsque vous appelez un prospect de la part de quelqu'un qu'il connaît et en qui il a confiance – et pour peu que votre prise de contact soit bien effectuée –, vos chances d'obtenir un rendez-vous sont proches de neuf sur dix. Pourquoi ? Parce que votre interlocuteur fait confiance à votre relation commune pour que cette dernière lui envoie une personne intéressante à rencontrer et non pas un importun.

En définitive, ce qui compte n'est pas qui vous connaissez, mais plutôt qui vos clients satisfaits par votre service – et vos relations convaincues par votre offre – connaissent et acceptent de vous faire rencontrer.

La recommandation superstar

Une bonne recommandation n'a pas de prix. Ses bénéfices sont nombreux et complémentaires. Avec elle :

- le rendez-vous est beaucoup plus facile à obtenir ;
- l'*a priori* du prospect à votre égard est favorable ;
- le prix n'est plus perçu de la même façon ;
- la conclusion de la vente s'avère plus aisée.

En outre, bénéficier de recommandations vous permet de passer moins de temps à prospecter dans le dur et d'avoir plus de temps à consacrer à vos clients.

Dans mon métier de l'accompagnement professionnel, je ne travaille que grâce aux recommandations. Je ne fais jamais de commercial « dans le dur ». Lorsque des clients viennent à moi, c'est parce qu'ils ont entendu parler de mes résultats par un de mes anciens clients ou par mon écosystème.

La recommandation constitue un formidable accélérateur et facilitateur de *business*. Sergey Brin et Larry Page ont démarré l'aventure Google grâce à un de leurs professeurs de l'université de Stanford qui les a présentés à Andy Bechtolsheim, le fondateur de Sun Microsystems.

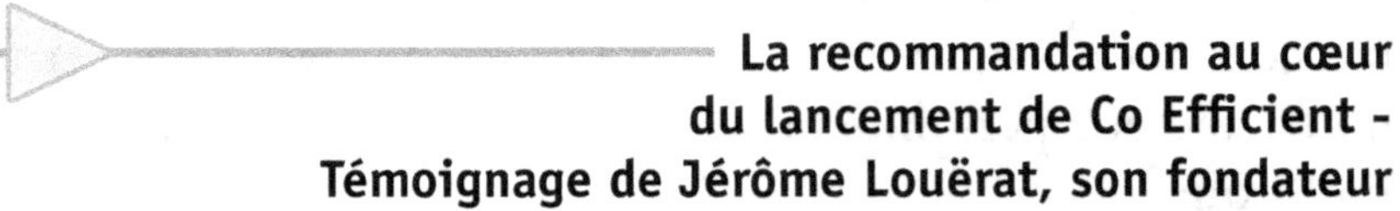

La recommandation au cœur du lancement de Co Efficient - Témoignage de Jérôme Louërat, son fondateur

J'ai créé la société Co Efficient pour apporter un support commercial, conseil et services opérationnels aux Jeunes Entreprises Innovantes (JEI).

J'ai trouvé mes deux premiers contrats grâce au réseau, l'un parmi mes contacts directs, l'autre parmi mes contacts indirects. C'est une ancienne cliente, avec laquelle je n'avais pas travaillé depuis un an et demi, mais que j'avais informée de mon changement d'orientation professionnelle, qui m'a chaudement recommandé à son beau-frère, patron d'une société Internet, qui voulait se développer sur un nouveau secteur.

Dans l'exécution de ces contrats, j'utilise le réseau. Pour évaluer un marché par exemple, j'effectue un sondage parmi mes contacts directs du secteur concerné et je ne manque pas de leur demander aussi de me donner des recommandations pour élargir mon étude.

Un autre exemple d'utilisation du réseau concerne les prospects. Pour une société de conseil, j'ai traité avec le service d'un grand groupe du secteur des transports. Le dossier n'a pas abouti mais mon interlocuteur a été séduit par mon approche. Je lui ai demandé s'il pouvait me recommander à ses collègues d'un autre service, ce qu'il a fait bien volontiers. Cela m'a permis d'identifier en amont un gros appel d'offres.

Les différents niveaux de recommandation

Il existe plusieurs niveaux de recommandation : la suggestion, l'introduction et la présentation.

La suggestion

Elle est réalisée par le préconisateur. Il vous donne un nom et un numéro de téléphone. Et la permission d'appeler de sa part. Mais le préconisateur ne fait rien de plus. Il n'effectue pas d'appel préparatoire. La mise en relation *via* une suggestion constitue une part non négligeable de votre futur *business*. Dans ce type de recommandation, permettez-moi un conseil : appelez très rapidement. Il en va de votre crédibilité/image/sérieux vis-à-vis du connecteur. N'écrivez pas de lettre, appelez. Si vous envoyez un e-mail, dites que vous allez appeler le lendemain pour prendre rendez-vous. Et faites-le !

L'introduction

Elle est le fait du prescripteur. Ce dernier vous recommande directement et personnellement au client potentiel : soit il donne vos coordonnées à ce dernier pour que ce soit celui-ci qui vous appelle, ou il le prévient et vous donne ensuite son accord pour l'appeler. En d'autres termes, il vous prépare le terrain. La plupart du temps, il dit, bien évidemment, beaucoup de bien de vos services.

La présentation

C'est le nec plus ultra puisque, dans ce cas-là, c'est le prescripteur qui vous introduit, en sa présence, auprès du prospect à qui il recommande vos excellentissimes services. Cela peut se faire lors d'un déjeuner ou à son bureau. Cela constitue un engagement fort de sa part. Rien ne vous empêche de suggérer à votre connecteur de procéder de cette façon s'il ne le propose pas lui-même.

Susciter les recommandations

Lorsque je conseille des nouveaux clients sur leur stratégie de *Networking*, je suis toujours étonné par la forte proportion de ceux qui n'ont jamais demandé de recommandations à leur réseau… Quelle erreur ! La réussite en termes de Réseautage commande d'être proactif et de susciter de façon constante, systématique et adaptée des introductions. Pour cela, il convient d'avoir l'esprit Réseau. La recherche de nouveaux contacts doit devenir une demande automatique, un réflexe, au point de constituer le noyau central de votre stratégie de *Networking*.

Répétons-le, toutes les recommandations ne viennent pas seulement des clients satisfaits. Beaucoup viennent aussi du reste de votre galaxie réseau. Cette vaste population ne doit pas être négligée. Ces personnes ne deviendront jamais des clients mais elles peuvent se révéler d'exceptionnels prescripteurs ! La recommandation représente un cercle vertueux qui répond à la loi de la réciprocité. Quand quelqu'un me donne un ou plusieurs contacts qui me permettent de générer de nouvelles affaires, j'essaye, à mon tour de lui procurer des contacts et du *business*, pour l'aider dans ses affaires. C'est aussi simple que cela. C'est ce que Robert Axelrod explique de façon lumineuse dans son livre justement intitulé *Comment réussir dans un monde d'égoïstes*.

Le Réseau est formé d'alliances. Pour réussir sa stratégie Réseau, il faut mener une stratégie d'alliances. C'est un processus de construction de relations d'affaires sur le long terme. L'objectif est de créer et d'entretenir des relations de soutien mutuel dans lesquelles chaque personne aide l'autre à développer son propre *business*. Il s'agit donc bien de créer autour de soi un cercle d'influence et de recommandations.

Comment demander une recommandation

Évitez les questions qui commencent par « qui » car elles limitent automatiquement le champ d'investigation de votre interlocuteur.

Préférez un questionnement plus ouvert du type :

- Connaissez-vous dans votre entourage quelqu'un qui pourrait être intéressé par... ?
- Avez-vous autour de vous des personnes qui auraient besoin de conseils en matière de... ?
- Voyez-vous dans votre entourage professionnel des entreprises qui connaîtraient des difficultés en matière de... ?

Votre Réseau
est votre force de vente gratuite

Si les relations interpersonnelles sont importantes dans votre *business*, si vous préférez une approche commerciale non agressive et si vous êtes à la recherche d'un système marketing peu coûteux, puissant et efficace, le *Networking* constitue la solution idéale. Vous disposez en effet, *via* vos clients acquis et vos alliés (non clients mais farouches supporters), d'une force de vente gratuite qui peut faire la promotion de votre savoir-faire professionnel !

Pour optimiser l'effet de cette force de vente gratuite à votre service, plusieurs règles sont à respecter :

- la fourniture du meilleur service possible à vos clients car il construit votre crédibilité et votre réputation, et détermine la façon dont ces derniers vont parler de vous ;
- la règle des 200/200. Nous comptons tous en moyenne 200 contacts Réseau. Si vous prenez en compte les relations de vos relations, vous atteignez 40 000 personnes. Celles-ci se situent tout près de vous et si elles ont besoin du type de service que vous apportez, il suffit que vos connexions vous recommandent à elles ;
- l'organisation, parce qu'il est impossible de gérer votre réseau sans un outil performant, capable de vous aider à gérer cette base de données représentant un actif d'une valeur inestimable ;
- le suivi constant, personnel et systématique de chaque contact dans le temps ;
- la créativité et l'originalité dans la façon de rester en relation régulière avec chaque membre de votre *Réseau Business*.

Savoir écouter

Vous allez donc devoir parler de votre offre. Mais le bon *Business Networking* consiste surtout à savoir écouter. Ne tombez pas dans le travers, si fréquent chez le mauvais Réseauteur, qui consiste à parler tout le temps et à ne laisser aucun espace d'expression à son interlocuteur. Surveillez votre ratio parole/écoute. Lorsque vous interrogez des professionnels sur la qualité essentielle dans le *business*, ils vous répondent tous spontanément : savoir écouter.

Pratiquez l'écoute active. Rappelez-vous les leçons du conférencier américain Dale Carnegie, auteur de l'inaltérable *Comment se faire des amis et réussir dans la vie* : les gens aiment parler d'eux-mêmes, de ce qu'ils font et ont fait. Alors encouragez-les, intéressez-vous à leur parcours, à leurs réussites et surtout à leurs problèmes et à leurs besoins.

Créer sa présentation choc

Votre objectif est d'augmenter votre *business*. Dans ce but, vous devez maîtriser votre présentation personnelle. La présentation personnelle idéale est obligatoirement brève et fortement mémorisable. Elle doit générer un réel impact pour intéresser votre interlocuteur et le faire rejoindre votre équipe de prescripteurs.

Le *Networking* est une chaîne. Il faut que votre message passe de l'un à l'autre des contacts. Si votre message n'est pas adapté, spécifique et univoque, il ne laissera aucune trace dans l'esprit de vos cibles. Et attention, si votre message est jugé, vous l'êtes également en tant que messager.

Le *pitch*

L'attention moyenne d'un être humain étant inférieure à deux minutes, vous disposez de cent vingt secondes pour :

- permettre à votre interlocuteur de retenir l'essentiel sur votre offre ;
- le frapper par la précision et la concision de votre propos ;
- bâtir un socle solide pour la suite de l'entretien et de la relation.

Je conseille aux personnes que j'accompagne dans leur démarche Réseau d'écrire au mot près leur *pitch*. Pour cela, il convient d'adopter un langage parlé et de choisir chaque mot avec minutie. Bien évidemment, il ne s'agit pas de réciter son *pitch* à la façon d'un perroquet. C'est un canevas à partir duquel vous devez garder un discours percutant. La garantie d'efficacité de la présentation réside dans sa structuration.

Pour avoir un *pitch* efficace, je vous recommande de préparer différents scripts de présentation sur le modèle suivant :

- votre nom ;
- votre *business* ou profession ;
- une brève description de votre *business* ou profession ;
- un bénéfice correspondant à ce que votre produit ou votre service offre – ce que vous faites pour aider les autres – sous forme de slogan clair et mémorisable.

Le meilleur exercice consiste à écrire quatre formats de présentation :

- La présentation en quinze secondes : le *pitch* de cocktail.
- La présentation en trente secondes : le *pitch* de téléphone.
- La présentation en une minute : le *pitch* de rendez-vous Réseau en format plus court.
- La présentation en deux minutes : le *pitch* de rendez-vous Réseau en format classique.

Savoir communiquer

Pour bien communiquer ses demandes et ses idées au cours d'un entretien Réseau, il faut avant tout se montrer clair sur son objectif, son projet, son positionnement et sur ses cibles. Mais il convient aussi d'avoir bien pensé à la façon de les communiquer. Pour cela, réfléchissez à votre message clé et aux deux ou trois arguments qui l'étayent. Il est essentiel que votre interlocuteur, quand vous aurez quitté son bureau, se souvienne du cœur de votre message et de rien d'autre. Trouvez les mots clés qui peuvent faire passer de façon forte, unique et originale votre message principal. N'hésitez pas à les répéter en entretien, la répétition construisant la mémorisation.

L'efficacité de parole exige un certain nombre de principes actifs :

- faire des phrases courtes ;
- employer des verbes d'action ;
- utiliser des mots courts et simples ;
- éviter de jargonner ;
- recourir à des formules positives ;
- avoir une certaine affirmation de soi : pas d'hyper-modestie ou d'effacement total ;
- raconter quelques belles histoires de succès plutôt qu'avoir une argumentation trop convenue.

10 mauvaises raisons
pour ne pas demander de recommandation

- Je ne sais pas comment faire.
- Je n'ai pas appris à le faire.
- Je ne veux pas le faire.
- Je n'aime pas demander.
- Je n'aime pas me sentir en position de quémandeur.
- J'ai peur d'essuyer un refus.
- Je n'ai pas le réflexe de le faire systématiquement.
- Je ne crois pas en cette méthode.
- Je pense que mon produit n'en a pas besoin.
- Je préfère me débrouiller tout seul.

Prospecter sans effort

L'impérieuse nécessité de prospecter

Chaque année, quelle que soit votre activité, vous perdez automatiquement une partie significative de vos clients. Certains prennent leur retraite, d'autres font faillite ou ferment boutique et d'autres encore passent à la concurrence. Une étude citée par la très sérieuse *Harvard Business Review* souligne, qu'en moyenne, une entreprise perd 50 % de ses clients tous les cinq ans.

D'une manière ou d'une autre, vous êtes condamné à prospecter. Ainsi, dans mon métier, je rencontre beaucoup de cadres supérieurs et dirigeants qui, arrivés à un certain moment de leur carrière et fort d'une réelle expertise, caressent le projet de se mettre à leur compte. Je les avertis à chaque fois que, s'ils ne possèdent pas un minimum de fibre commerciale, il ne faut qu'ils se lancent dans l'aventure.

Le tapis rouge est déroulé

Pourquoi s'évertuer à prospecter « dans le dur » alors qu'il est possible aujourd'hui de le faire « dans le moelleux » ? Pourquoi continuer à essuyer des refus et se faire claquer les portes au nez alors qu'il est facile de se faire recevoir par des prospects qui ne vous connaissent pas et qui, pour la grande majorité, vont accepter de vous recevoir ? Aujourd'hui, vous disposez d'une méthode éprouvée, beaucoup moins chère que la publicité, pour générer des nouveaux clients : le *Business Networking*.

Le *Networking*, c'est l'arme absolue pour créer du *New Business*. Le Réseautage d'affaires bien compris et bien appliqué constitue un formidable accélérateur de votre développement. Ceux qui l'ont compris n'en parlent pas trop parce qu'ils n'ont sans doute pas envie de partager le secret de leur réussite. Mais, maintenant que vous savez qu'il existe un tapis rouge dans la prospection, qu'est-ce qui vous empêche de l'emprunter ? RIEN !

Le poids de la culture

Hélas, notre éducation ne nous a pas formatés pour être de bons *Business Networkers*. Lorsque nous étions enfants, nos parents nous abreuvaient de principes :

- *On ne parle pas à table, on écoute les adultes.*
- *On ne parle pas aux inconnus, c'est dangereux.*
- *On ne parle pas de soi, c'est mal élevé.*
- *On ne demande pas, cela ne se fait pas.*
- *On se contente de ce que l'on a, c'est la règle ici-bas.*
- *On a ce que l'on mérite, c'est comme cela.*
- *Si tu travailles bien et beaucoup, tu réuss*iras dans la vie.

L'ennui est que ces bons principes ne sont plus pertinents dans le monde des adultes et des affaires. Le Réseau c'est le contraire de ce que nos parents et nos professeurs nous ont appris, puisqu'il s'agit de parler à table, de s'entretenir avec des inconnus, de parler de soi, de demander, de ne surtout pas se satisfaire de ce que l'on a déjà, de ne pas se consacrer uniquement à son travail pour se laisser le temps de se construire un réseau. En définitive, c'est l'inverse de ce que l'on nous a inculqué dans nos jeunes années.

Le plus sûr moyen de ne rien obtenir

Si une chose a été bien amplement prouvée, c'est que le plus sûr moyen de ne rien obtenir se résume à ne rien demander. Malgré cela, beaucoup de professionnels ne prennent pas la peine de demander, pensant qu'ils recevront ce qu'ils méritent. D'autres n'osent pas le faire afin d'éviter de se mettre en position de quémandeurs, perçue comme inférieure. Combien de contrats, d'affaires et de collaborations professionnelles ne se sont pas conclus en raison de cette croyance invalidante ?

Trop de personnes adoptent encore la mentalité de Lucky Luke, le « pauvre cow-boy solitaire », qui n'a besoin de personne pour régler les problèmes quotidiens du Far West. L'expérience montre que cette attitude ne mène à rien dans le monde des affaires. On peut résumer ce principe de la façon suivante : partir de rien pour arriver à pas grand-chose. Mais avec la fierté de ne le devoir à personne.

Approche frontale ou approche latérale, à vous de choisir

En présence d'un prospect qui vous ouvre sa porte parce que vous venez de la part d'une relation commune, vous avez le choix entre deux tactiques : l'approche frontale ou l'approche latérale.

L'approche frontale

L'approche frontale consiste à faire une offre directe de produit, de service ou d'expertise en se prévalant de la recommandation du connecteur. Cela revient à dire : « Untel considère que mon offre devrait fortement vous intéresser. Pouvons-nous fixer une date à votre convenance pour nous rencontrer ? »

L'approche latérale

L'approche latérale s'apparente à une demande de conseil, d'avis, d'information, de validation pour non seulement se faire connaître mais aussi récolter des contacts ou identifier un besoin. Cela revient à dire : « Untel m'a conseillé de vous rencontrer pour que vous me donniez votre avis d'expert sur l'offre que je viens de mettre au point. »

C'est à première vue un moyen d'entrer en contact avec un prospect en le faisant s'intéresser à votre offre dans le but de l'améliorer. Mais le résultat est le même que dans l'approche frontale puisque la personne ciblée vous reçoit et vous écoute présenter votre offre.

Cette démarche est beaucoup plus douce. Elle met votre interlocuteur à l'aise car il ne vous reçoit que pour vous conseiller : il ne se sent pas forcé de vous acheter quoi que ce soit.

Demander des contacts à ses clients

Demander des contacts à ses clients constitue la pierre angulaire du *Réseau Business*. Expliquez à votre client que vous construisez votre *business* par recommandation. Il s'agit de l'aider à vous aider à trouver de nouveaux clients à satisfaire. Pour ce faire :

- soyez souple ;
- posez des questions ouvertes ;
- faites-le parler de ce qu'il a le plus apprécié dans votre service dans le cadre d'une discussion libre ;
- évoquez aussi avec lui les points d'amélioration de votre prestation ;
- soulignez bien l'importance que cette démarche a pour vous ;
- commencez par lui dire : « J'ai une question importante à vous poser » ;
- rappelez-lui que vous l'avez lui-même rencontré par recommandation ;
- demandez la permission de « brainstormer » avec lui ;
- posez petit à petit des questions qui se terminent par le nom d'une personne ;
- suggérez vous-même des noms pour l'aider, le cas échéant.

Mode action

Passer du mode réactif au mode proactif est le secret du *Networking* efficace. Il ne faut pas attendre que les recommandations tombent toutes seules. Il faut aller les chercher. Et pour cela, il faut les demander. Même si on ne nous a jamais appris à le faire. Être « mentalisé » *Réseau Business*, c'est comprendre que la meilleure façon de développer son *business* consiste à générer un flux continu de recommandations.

Vos clients veulent vous aider. Mais ils ne savent pas comment faire. Vous n'avez qu'à les guider dans cette voie, et la première des choses à faire est de leur demander. On peut prévenir son client qu'on lui demandera des introductions et obtenir son accord sur ce point. Ainsi, le jour où l'on en lui demande, c'est encore plus facile. Quel est le meilleur moment pour solliciter des recommandations ? Quand le service a été rendu. Et que, bien sûr, la valeur de ce service a été reconnue. En définitive, ne pas demander de recommandations à un client satisfait relève de la faute lourde !

Se mettre en contact

La prise de contact peut se faire par mail ou par téléphone. Si vous envoyez un mail, précisez toujours dans le texte de ce dernier que vous allez appeler après pour prendre rendez-vous. C'est le meilleur moyen pour garder la main et éviter qu'on ne vous rappelle jamais.

Si vous optez pour l'appel téléphonique direct, rappelez-vous que le seul objectif de cette première prise de contact est d'obtenir un rendez-vous en face-à-face. Dans ce but :

- AVANT L'APPEL
  - Ayez toujours en tête les demandes et les besoins de vos clients et prospects.
  - Préparez, répétez, ayez les bons outils ;
  - Préparez-vous à passer le barrage de l'assistante qui répond au téléphone.

Le contact avec l'assistante

Traitez-la comme si elle était le manager.

Appelez-la dès que possible par son nom de famille.

Dites-lui que vous avez besoin de son aide.

Faites-vous en une complice et une alliée durable.

Envoyez-lui une copie de votre e-mail, le cas échéant, et tenez-la toujours au courant de la suite du processus.

Remerciez-la de son efficacité.

- PENDANT L'APPEL
  - Qualifiez toujours l'interlocuteur pour vérifier que vous parlez à la bonne personne.
  - Dites toujours de la part de qui vous appelez.
  - Demandez au prospect : « Avez-vous quelques instants à me consacrer ? »
  - Suivez votre stratégie et votre plan d'action.
  - Utilisez votre *pitch* de trente secondes.
  - Raccrochez toujours le dernier.

Préparer son entretien en face-à-face

Avant de rencontrer une nouvelle personne du Réseau, il est indispensable d'effectuer une préparation minutieuse de l'entretien. Il s'agit de se renseigner sur le profil, le parcours et les centres d'intérêt du futur interlocuteur. Vous pouvez ainsi rechercher sur Google, 123people ou WebMii pour détecter ce que la Toile dit de votre contact. Interrogez aussi, dans la mesure du possible, des personnes qui le connaissent car plus vous en savez sur lui, plus vous êtes au fait des sujets qui l'intéressent, plus vous augmentez vos chances d'être pertinent et efficace lors du rendez-vous à venir.

Ce type de recherche est crucial et il ne faut pas en faire l'économie, parce que vous êtes sûr de frapper l'esprit de votre interlocuteur s'il sent que vous êtes un professionnel qui prépare ses rendez-vous et il vous en saura gré.

De même, je vous conseille de prendre des notes pendant chaque entretien et de les consigner soigneusement dans un compte rendu. Et lorsque vous reverrez cette personne, il suffira de réviser vos notes avant la rencontre. Effet garanti !

Réussir ses rendez-vous réseau

Pour réussir vos rendez-vous Réseau, ayez en tête les conseils de bons sens suivants :

- écoutez, écoutez, écoutez. Le succès d'un bon Réseauteur dépend de sa capacité d'écoute, d'apprentissage et de mémorisation. Le plus vite votre partenaire de *business* et vous-même apprenez ce que chacun recherche, le plus vite vous établirez une relation efficace entre vous. Communiquer efficacement commande d'écouter attentivement ;
- limitez votre propre temps de parole ;
- focalisez-vous sur la conversation. Concentrez votre attention sur votre interlocuteur et montrez-le lui. Ne regardez pas votre montre. Prenez soin d'éteindre votre téléphone portable ;
- prenez des notes ;
- mettez-vous à la place de l'autre ;
- posez des questions. N'hésitez pas à reformuler si vous ne comprenez pas une réponse ;
- n'interrompez pas votre interlocuteur, sauf si c'est un incorrigible bavard dont les propos partent dans tous les sens ;

* lisez à travers les expressions du visage, la gestuelle et les silences de votre interlocuteur ;

* soyez sincère. Il s'agit d'être réellement intéressé par la personne en face de vous. Ne faites pas semblant, le véritable intérêt que l'on porte à quelqu'un se perçoit.

La demande magique

La demande magique est simple et se résume à ces quelques mots : « En quoi puis-je vous aider ? ». Cette question est un grand classique du *Business Networking*, puisque ce dernier ne fonctionne que si l'on donne avant de recevoir.

Peu importe ensuite que votre interlocuteur accepte ou non votre proposition, il a enregistré le message positif que vous lui avez adressé et s'en souviendra pour vous solliciter ou pour vous aider à son tour.

Cette phrase magique est bien entendu tout aussi efficace dans ses différentes variantes :

* *Que puis-je faire pour vous aider à développer votre business ?*

* *Comment puis-je vous aider à atteindre vos objectifs ?*

* *De quelle manière mon réseau peut-il vous aider à trouver de nouveaux clients ?*

* *Je peux vous aider à lancer votre activité, accepteriez-vous mon aide ?*

* *Je serais heureux de vous aider, me permettez-vous de vous suggérer quelques idées ?*

À vous de trouver la ou les formulations avec lesquelles vous êtes le plus à l'aise. Vous remarquerez que, dans les derniers exemples cités, l'astuce consiste à proposer son aide comme si l'on demandait une faveur ou une autorisation.

Tout le monde sur le pont

En entreprise, il est de plus en plus crucial de sensibiliser un maximum de collaborateurs au *Business Networking*. L'expérience montre que le développement de nouvelles affaires est l'affaire de tous.

Les patrons d'entreprise ont donc tout intérêt à encourager et développer cette démarche Réseau au sein de leurs troupes. Plus leurs collaborateurs nouent de contacts professionnels, plus ils rencontrent des prospects, plus ils vendent.

Prenons l'exemple d'une mission qui m'a été confiée au sein d'un cabinet de conseil en stratégie.

exemple

Le cahier des charges est clair : cinq associés qui font l'ensemble du commercial et quarante-cinq consultants qui assurent la production. Compte tenu de la crise, le management du cabinet décide d'initier toute l'équipe au *Business Networking* pour faire en sorte que tous les collaborateurs participent au développement du chiffre d'affaires en période de vaches maigres.

La formation que je pilote s'effectue sur une journée. La matinée est consacrée aux règles du Réseautage orienté « newbiz », et l'après-midi aux exercices de mise en situation et à la détermination d'un plan d'actions par chaque collaborateur. La direction, sur mes conseils, ouvre un budget déjeuner à tous les membres de l'équipe pour que chaque consultant puisse régulièrement inviter à déjeuner des personnes de son réseau.

Résultat : douze mois après la formation, le chiffre d'affaires du cabinet s'est maintenu dans un marché qui a chuté de 30 %.

Prospecter toujours et encore

Vos futurs clients préfèrent vous rencontrer par l'intermédiaire de quelqu'un en qui ils ont confiance. Alors je vous pose la question : est-ce bien comme cela que vous développez l'essentiel de votre activité aujourd'hui ? Si oui, c'est parfait, continuez. Si ce n'est pas le cas, vous avez un fort potentiel à exploiter. Pourquoi attendre une minute de plus ? Commencez maintenant et n'arrêtez jamais de prospecter *via* le Réseau. La prospection est une affaire de nombre : plus on contacte de personnes grâce au réseau, plus on gagne des affaires. Il existe un ratio qu'il faut optimiser entre le nombre de recommandations et le nombre de rendez-vous obtenus, puis entre le nombre de rendez-vous effectués et le nombre de ventes conclues.

Moralité : en matière de *Réseautage Business,* il ne faut jamais s'arrêter. Et surtout pas quand les affaires commencent à bien se développer. Sinon, on avance en hoquetant comme une voiture qui accélère et freine sans cesse. Si vos affaires décollent grâce au *Networking,* je vous conseille de devenir plus sélectif. N'hésitez pas à dire non, concentrez-vous sur les clients qui vous conviennent le mieux et avec lesquels vous avez envie de travailler.

Fidéliser pour longtemps

Pas de réseau jetable

Si le *Networking* s'avère aujourd'hui essentiel pour maintenir et développer son *business*, encore faut-il appliquer cette démarche efficacement. Le mauvais réseauteur se distingue par son incapacité à créer des relations sur le long terme. Il fait du réseau Kleenex, en surfant d'un contact à un autre sans vergogne et en projetant rapidement une image d'opportuniste et de profiteur dans sa galaxie Réseau.

Le suivi constant et régulier de son réseau constitue la caractéristique essentielle de l'As du *Networking*. Pour cela, il n'y a pas de raccourci. Il s'agit simplement de prendre soin de votre réseau et d'être toujours plus créatif sur la façon dont vous pouvez l'aider. Vous êtes gagnant quand votre réseau tire ensemble dans la même direction. C'est comme faire du vélo ou jouer au golf, plus vous pratiquez, meilleur vous devenez et plus grand devient le plaisir. Plus vous en faites, plus vous explorez les ressources de votre réseau, plus vous vous intéressez à lui, à ses intérêts, à ses compétences, à ses objectifs, à ses projets, à sa vision, plus il vous récompensera.

Le management du jardinier

Le Réseautage d'affaires efficace se construit dans la durée. Pour tisser des liens durables, adoptez le management du jardinier qui consiste à semer, à arroser et à entretenir son jardin de contacts – à couper aussi les mauvaises herbes – avant d'obtenir un résultat satisfaisant. En matière de *Business Networking*, il serait vain de tirer sur la tige pour que la plante pousse plus vite. Il faut simplement faire preuve de patience et de persévérance.

J'ai rencontré beaucoup de mauvais Réseauteurs qui attendaient un retour sur investissement immédiat de leurs actions de *Networking*. Ces impatients chroniques ont un mal fou à comprendre qu'il faut donner du temps aux graines qu'ils sèment pour que celles-ci puissent germer. Leur fébrilité les handicape fortement dans cet art subtil que représente le Réseautage efficace. Leurs résultats sont souvent médiocres et ils constituent le club des déçus du Réseau.

Fidéliser par le *Business Networking*

Beaucoup de sociétés mettent en place des programmes commerciaux dont le seul objectif est de conclure l'affaire et de se ruer sur le prochain prospect. Rien n'est généralement prévu pour entretenir la relation avec le client acquis. Aujourd'hui, s'il est politiquement correct de clamer haut et fort « le client d'abord », la réalité est tout autre parce que peu de programmes commerciaux appliquent cette maxime à la lettre.

Les différentes études conduites sur le sujet sont claires : cela coûte entre 8 à 10 fois plus cher de gagner un nouveau client que d'en fidéliser un ancien. Le bon sens Réseau commande non seulement de suivre sur le long terme un client qui peut avoir à nouveau besoin des services de l'entreprise, mais aussi de bénéficier de sa recommandation pour profiter de ses contacts réseau. En d'autres termes, si une personne du cercle professionnel de votre client recherche un fournisseur, un expert ou un spécialiste, il faut que votre nom soit cité en premier ! Si ce n'est pas le cas, vous êtes en train de perdre une part importante de votre chiffre d'affaires sans vous en rendre compte.

Chouchoutez vos clients perdus

Il arrive hélas de perdre des clients. Cela fait partie de la dure loi du marché. Je vous conseille vivement de garder le contact avec vos anciens clients lorsque ces derniers décident de passer à la concurrence. Oubliez votre ego et mettez-vous dans la tête que cette personne ou cette société a d'autant plus de chances de retravailler avec vous que vous saurez entretenir une bonne relation avec elle dans le futur.

> Le patron d'une des plus grandes sociétés de publicité française avait pour habitude d'agir ainsi avec les entreprises qui dénonçaient leur contrat avec son agence. Il acceptait la séparation avec élégance. Il envoyait à ses ex-clients une caisse de champagne ou de bons vins accompagnée d'un mot aux termes choisis. Et il continuait de les inviter à ses manifestations VIP (avant-premières de cinéma et de théâtre, conférences, etc.). Il gardait ainsi le contact avec eux, avec l'objectif de les faire revenir un jour ou l'autre.

Bien évidemment, rien ne dit que le client perdu retravaillera avec vous. Mais le fait de maintenir d'excellentes relations avec vous, le fait entrer dans le club VIP de vos prescripteurs. Un ex-client qui garde un bon souvenir de votre collaboration et une bonne image de vous, sera toujours ravi de vous recommander à une relation ayant une demande spécifique correspondant votre domaine de compétence. Il faut donc inclure vos clients perdus dans votre écosystème et les traiter comme vos plus fidèles ambassadeurs.

Soignez les prospects qui ne vous ont pas choisi

Les As du *Business Networking* nous apprennent aussi à faire particulièrement attention aux prospects qui n'ont pas eu la bonne idée de nous choisir. L'erreur habituelle commise par 95 % des professionnels consiste à les oublier au plus vite et à passer à autre chose. Je vous propose de voir les choses autrement en considérant que ces prospects perdus sont vos futurs clients. Dans ce but, efforcez-vous de maintenir le contact avec eux, prenez régulièrement de leurs nouvelles et apportez-leur de l'information pertinente et des idées pour le bon développement de leurs affaires.

Les prospects perdus, lorsqu'on les interroge sur la raison de leur choix, vous expliquent souvent que la décision de vous écarter s'est jouée sur des détails. Dans la grande majorité des cas, ils gardent une bonne image de votre offre et de votre accueil. Il faut en profiter car ces personnes représentent des préconisateurs en puissance. Si vous restez intelligemment en relation avec eux, ils peuvent donner votre nom si une de leurs relations d'affaires leur demande de leur indiquer un bon professionnel dans votre domaine d'expertise !

C'est ce qu'a fait Pierre-Henri, un gestionnaire de patrimoine, qui a lancé son activité en 2003. Dans la mesure où il transformait peu de prospects en clients, il a particulièrement soigné les prospects perdus et les a transformés, à force d'envoi d'informations et de conseils gratuits, en ambassadeurs de son offre.

De la discipline avant tout !

Dans l'effervescence des activités quotidiennes, il est facile de se laisser happer par les urgences et de faire passer les actions Réseau au deuxième plan. Cela représente une erreur, hélas trop répandue. Et c'est une faute grossière et qui se paye à moyen terme. Il faut donc prendre le temps de faire les choses bien.

- Envoyez tous les articles, magazines, informations qui peuvent intéresser votre réseau de clients, de prospects et de connecteurs.

- Envoyez, par exemple, à votre réseau, un carnet de notes pratique frappé du logo de votre entreprise.

- Prenez le temps d'envoyer un mot de remerciements :
  - après chaque recommandation reçue ;
  - aux personnes que vous avez rencontrées.

    Par mail ou par courrier, en fonction de l'interlocuteur ; n'hésitez pas à faire imprimer des cartes de correspondance spécifiques à cet effet.

- Donnez des contacts aux autres. Les As du *Networking* applique la règle du « donneur gagne » : si je vous aide, vous m'aiderez et nous aurons tous les deux de meilleurs résultats.

- Donnez des recommandations quand c'est possible :
  - verrouillez bien le suivi des recommandations que vous donnez : si vous proposez à quelqu'un de prendre contact avec une de vos relations de votre part et qu'il ne le fait pas ou ne vous tient pas au courant, parlez-lui en gentiment lors d'une prochaine rencontre, vous lui rendrez un grand service ;
  - si vous ne pouvez pas donner une bonne recommandation, essayez de donner à la place une bonne information, un bon tuyau, voire un bon conseil ;

Un programme de proximité

Rester en contact impose d'envoyer à vos clients et à votre sphère d'influence une information régulière en lien avec votre savoir-faire. Vis-à-vis d'eux, il faut à la fois entretenir une forte présence à l'esprit et une réelle proximité. Maintenir un lien étroit avec vos clients acquis et faire de ceux-ci vos meilleurs ambassadeurs, permet d'éviter de consacrer du temps à une prospection coûteuse et aléatoire. C'est une fois que vous aurez créé cette relation de confiance et ce lien fort que vous pouvez dire sans crainte à vos clients : « Dites-moi si je peux vous aider d'une façon ou d'une autre. Et si vous connaissez des personnes autour de vous que je peux aider, n'hésitez pas à donner mon nom, je les traiterai aussi bien que je vous ai traités. »

Ce programme de communication, qui combine envoi d'informations, newsletter, invitations, etc., doit être mis en place de façon professionnelle et organisée. Dans cet exercice, le courrier est préférable à l'e-mail pour les raisons suivantes :

- les professionnels en sont submergés ;
- beaucoup d'e-mails sont supprimés sans avoir été lus ;
- d'autres sont détruits par peur des virus ;
- le courrier est devenu rare et a donc pris de la valeur ;
- on ouvre toujours avec curiosité une enveloppe (non publicitaire) à son nom pour en découvrir le contenu.

Cadeaux et commissions

Il est essentiel de ne pas négliger les petits cadeaux qui entretiennent l'amitié. Si vos clients et vos connexions jouent efficacement leur rôle de force de vente, il faut les remercier de façon adaptée. En effet, une recommandation aboutissant à la signature d'un contrat mérite au moins un bouquet de fleurs, une bouteille de vin, un déjeuner, etc. À vous d'établir votre grille de récompenses. Mais n'en faites pas l'économie sous peine de passer pour un opportuniste, voire un ingrat. Et rappelez-vous que chaque cadeau représente une nouvelle occasion de communiquer avec un membre de votre réseau (de vente).

En ce qui concerne les apporteurs d'affaires, il convient de savoir si la personne qui vous met sur la piste d'un contrat désire une commission. Autant vous pourrez vexer certaines personnes de votre réseau en leur proposant une commission d'apport en cas d'affaire conclue, autant vous pourrez rater de gros contrats si vous ne pensez pas à verser les 5 % à 15 % de rémunération aux connecteurs qui sont habitués à travailler ainsi. Il ne s'agit pas de morale mais simplement de bon sens, de communication efficace et de psychologie.

Pro-activité en priorité

Si tu ne vas pas au Réseau, le Réseau ne viendra pas à toi. Rester proactif consiste :

- à ne pas attendre que les événements se produisent d'eux-mêmes, mais à les provoquer en faisant travailler votre imagination et votre capacité à les mettre en œuvre ;
- à provoquer les rencontres et les échanges plutôt qu'attendre qu'on les provoque pour vous ;
- à aller au-devant des autres sans attendre qu'ils viennent à vous ;
- à créer les conditions favorables au bon fonctionnement de votre Réseautage ;
- à prévoir ses actions à l'avance au lieu de les improviser au dernier moment en fonction des urgences perçues.

Remercier les autres

La gratitude est une valeur en baisse dans le business aujourd'hui. Dans une société où la vitesse est un des facteurs clés de la réussite, les remerciements sont malheureusement souvent perçus comme une perte de temps. Erreur. Dans le réseau, exprimer sa gratitude à un partenaire, un professionnel qui vous a rendu un service est un investissement en temps absolument nécessaire et hautement rentable.

Remercier chaque personne qui vous aide vous permet de construire pierre à pierre la solidité de votre réseau et la confiance qu'il placera en vous. C'est une des meilleures façons d'asseoir votre réputation dans le Réseau. Le suivi du Réseau est sans conteste le point faible de la très grande majorité des Réseauteurs, et même des plus grands. Or, c'est un point absolument CAPITAL dans la réussite de votre *Business Networking*. Il est essentiel pour vous de rester en contact avec tous vos clients – passés, présents et prospects –, et de ne jamais cesser de leur apporter plus d'infos, plus de valeur et cela de toutes les façons possibles. Cerise sur le gâteau, faites aussi en sorte que vos nouveaux clients pensent à remercier le connecteur qui les a adressés à vous.

En somme, bien assurer ce que les Anglo-saxons appellent le *follow up,* constitue un point discriminant face à la concurrence car c'est un réflexe élémentaire peu partagé. C'est donc un avantage compétitif déterminant face à vos concurrents.

Agir comme un aimant

Votre réussite Réseau est fortement liée à votre posture positive. Une attitude négative constante conduit les gens à vous éviter et à ne pas vous donner de recommandations. En revanche, une attitude positive donne aux autres l'envie de s'associer ou de coopérer avec vous. Les professionnels ayant une attitude positive sont comme des aimants. Ils attirent autour d'eux d'autres professionnels et les amis et relations d'affaires de ceux-ci.

À vous d'être enthousiaste et motivant. Pensez aux personnes que vous connaissez. Qui a le plus de relations et de succès ? Réponse : ceux qui sont les plus motivés. Il est de notoriété publique que la caractéristique n° 1 des meilleurs vendeurs est l'enthousiasme. Pour mobiliser votre réseau, il faut vous vendre vous-même avec enthousiasme ! Une fois que vous avez réussi à convaincre votre entourage professionnel élargi, c'est beaucoup plus facile pour lui de vous recommander et de vous vendre à son propre réseau !

Les meilleurs ambassadeurs

Lorsque l'on sait qu'un client satisfait parle de vous en bien à deux prospects et qu'un seul client mécontent dénigre votre service auprès de dix personnes, il devient évident qu'il faut tout mettre en œuvre pour éviter ce type d'épidémie dévastatrice au sein de vos affaires. Bizarrement, beaucoup de sociétés considèrent ces mécontents comme une fatalité et se concentrent sur les autres clients. Elles commettent une erreur stratégique.

En effet, ce sont les clients ayant rencontré les plus grandes difficultés avec votre produit ou votre service qui, une fois satisfaits par les efforts que vous réalisez pour les convertir, deviennent vos plus fervents défenseurs, vos meilleurs ambassadeurs. Tout simplement parce que le client ainsi traité expérimente une mobilisation exceptionnelle de votre entreprise pour le faire changer d'avis. Alors que le client lambda ne pourra jamais vivre une telle expérience.

Penser aux cartes de vœux

Les cartes de vœux envoyées en fin d'année constituent une occasion unique et incontournable d'entretenir ou de renouer des liens professionnels. Pour être efficace, il convient d'établir sa liste d'envoi dès la mi-novembre et de commencer à rédiger ses cartes à ce moment-là. Ensuite, il est recommandé d'envoyer ses vœux à partir de la mi-décembre pour jouer sur l'effet de primauté, facteur de visibilité, et être plutôt « déclencheur » que « répondeur ».

exemple — Un jour, un de mes fidèles clients se plaint auprès de moi qu'il néglige le *Networking* et qu'il se sent coupable. Je lui pose alors la question test : « Combien de cartes de vœux personnalisées as-tu envoyé cette année ? » Réponse : « 419, pourquoi ? »

Voici quelques conseils pratiques pour optimiser votre stratégie de vœux de fin d'année :

- choisissez des cartes classiques, évitez les cartes trop originales ;
- réservez les e-mails de vœux aux internautes indécrottables qui trouvent le courrier ringard ;
- écrivez un mot personnalisé à chacun ;
- évitez les insupportables messages groupés (*undisclosed recipient*) ;
- notez scrupuleusement tous les envois, les retours obtenus et les cartes reçues sans envoi préalable ;
- soyez très vigilant pour éviter de renvoyer une carte de vœux à quelqu'un qui en déjà reçu une de votre part…

Adconion :
un exemple de *Networking* en action

Stéphane Ambrosini, le directeur général d'Adconion Media Group, est un convaincu du Réseautage d'affaires. Avec son équipe, il a fait d'Adconion France, une des sociétés les plus dynamiques parmi les spécialistes de l'audience et des contenus monétisés dans l'Hexagone. Stéphane croit à la formation permanente de ses équipes et ces dernières ont été initiées aux techniques du Personnal Branding, de la Présentation Zen et du Video Media Planning. Lorsqu'il m'a appelé pour former ses équipes au Business Networking, son briefing fut clair : initier ses collaborateurs à cette démarche, les aider à la mettre en œuvre rapidement.

La première phase s'est déroulée devant l'ensemble de l'équipe dans une ambiance détendue. Elle a consisté à exposer les bonnes techniques de Networking et de répondre aux questions posées.

La deuxième phase s'est déroulée deux mois plus tard, et a permis de constater les premiers résultats de l'équipe. Ce qui personnellement, m'a le plus frappé, est la façon dont les collaborateurs de Stéphane se sont appropriés la démarche et comment chacun a avancé. Pour certains, la priorité a été donnée à Viadeo et LinkedIn, pour d'autres cela a déterminé un programme de déjeuners. Pour d'autres encore, cette piqûre de Networking a modifié leur posture et leurs réflexes dans leur façon de traiter les clients, prospects et autres prescripteurs.

Maximiser sa visibilité et sa lisibilité

Pour vivre heureux, ne vivons surtout pas caché

Vous l'avez compris, faire du *Networking* s'avère aujourd'hui essentiel pour maintenir et développer votre *business*. Pour ce faire, vous devez obligatoirement travailler votre notoriété et votre visibilité professionnelles. Si vous êtes le meilleur dans votre spécialité mais que personne ne vous connaît, vous resterez une star pour votre maman ou pour votre chihuahua, mais vous n'atteindrez pas vos objectifs de chiffre d'affaires et de profitabilité.

Le meilleur moyen pour régresser en matière de Réseautage consiste à se noyer dans son travail. Être totalement absorbé par son job constitue, hélas, une tendance naturelle qu'il est très difficile de contrecarrer. Mais en se laissant phagocyter par les prétendues urgences professionnelles, on n'entretient pas son réseau et l'on n'a plus le temps de créer de nouveaux liens. Pour être visible, il faut donc sortir impérativement de son quotidien, rencontrer des liens faibles et participer à des manifestations professionnelles pertinentes par rapport à ses objectifs et à ses cibles.

Entretenir sa visibilité

Répétons-le : il faut être VISIBLE et LISIBLE. En d'autres termes, il convient d'afficher continuellement votre nom devant votre public. Dans ce but, agissez comme si vous étiez déjà reconnu comme un expert. Positionnez-vous dans les médias. Rédigez des articles et proposez-les à des revues, à des magazines ou à des sites Internet professionnels. Écrivez un livre. Quitte à le publier à compte d'auteur. Un ouvrage dans votre domaine d'excellence vous demandera certes un travail important, mais il vous donnera plus de crédibilité et de légitimité face à des concurrents plus paresseux.

Faites ensuite la promotion de vos articles ou de votre livre. Cela créera des contacts répétés avec votre réseau et vous donnera encore plus de crédibilité. Tous les moyens sont bons pour maximiser votre visibilité. Pourquoi ne pas donner des cours dans des écoles ou au sein d'organismes de formation ? L'objectif n'est pas de gagner beaucoup d'argent *via* ces activités d'enseignement, mais de se faire connaître et reconnaître.

Vous pouvez assister à des conférences ou participer à des débats. L'idéal consiste à être invité comme intervenant principal dans des colloques ou des conférences. Ce type de notoriété fait en effet grimper votre cote auprès de vos cibles à l'affût des meilleurs experts d'un métier ou d'un secteur. De plus, en tant que *guest star*, vous aurez l'occasion de rencontrer beaucoup de monde et d'augmenter ainsi votre attractivité. Enfin, préparer une telle intervention dans une conférence conduit à approfondir et à synthétiser un sujet professionnel pointu, et à gagner ainsi en expertise.

Vous pouvez intervenir dans :

- les écoles d'ingénieurs et de commerce ;
- les associations professionnelles ;
- les associations d'anciens (élèves ou d'entreprise) ;
- les débats organisés par la presse ;
- etc.

Soigner ses relations presse

Vous avez tout intérêt à créer et à entretenir de bonnes relations avec les journalistes. Il s'agit de vous faire connaître auprès d'eux sur un ou plusieurs sujets que vous maîtrisez et sur lesquels vous pouvez donner un avis d'expert. Les journalistes sont vos amis pour la vie si… vous ne les harcelez pas et respectez leur travail. Pour écrire leurs articles, ils ont besoin d'un réseau qui va leur fournir scoops, informations et témoignages. Si vous faites partie de leurs contacts et si vous les aidez dans leur job, ils vous citeront dans leurs papiers, contribuant ainsi fortement à votre notoriété et à votre visibilité.

Travailler ses relations presse revient à entretenir des liens durables et de confiance avec les journalistes. Il ne sert à rien de solliciter – et donc d'ennuyer – ces derniers si vous n'avez rien à dire ou si votre expertise n'est pas reconnue sur un sujet donné. En revanche, lorsque vous bénéficiez d'un début de notoriété, il devient opportun de vous faire connaître auprès de la presse pour qu'elle puisse vous solliciter pour un article relevant de votre expertise. Dans tous les cas de figure, il est préférable que ce soit le journaliste qui vienne à vous. Le plus souvent, son réseau donnera votre nom. Par la suite, entretenez des relations cordiales avec votre intervieweur pour qu'il repense à vous le moment venu. Ainsi, vous deviendrez un incontournable pour les journalistes spécialisés dans votre domaine.

Maximiser sa visibilité grâce au Net

Utilisez les nouveaux outils qui ont fait leurs preuves. Je vous recommande ainsi de maximiser votre visibilité et votre lisibilité sur les sites de Réseautage professionnel sur Internet tels que

Viadeo, LinkedIn, etc., en actualisant régulièrement le profil que vous y avez enregistré.

Si vous désirez vous protéger des solliciteurs de toute espèce, ces sites proposent des solutions. Ainsi, vous pouvez cliquer sur une option qui vous permet de refuser les mises en relation directe : un inconnu ne peut donc entrer en contact avec vous que par l'intermédiaire d'un de vos liens directs, qui joue ainsi le rôle de filtre. Apprenez à maîtriser tous les outils du Net, les actuels comme les nouveaux qui arrivent continuellement. Et soyez-y actifs. Inscrivez-vous, par exemple, sur Twitter et... twittez.

Vous pouvez aussi créer un blog, qui fera office de vitrine professionnelle, si vous avez une expertise à mettre en avant ou des choses intéressantes à dire sur votre métier. Mais si vous créez un blog, surtout ne le laissez pas en friche…

Pourquoi ne pas avoir aussi votre propre site ? Dans ce cas, soignez sa présentation et maintenez-le à jour. Pourquoi ne pas développer une newsletter en ligne ou papier, envoyée aux membres de votre réseau ? C'est extrêmement efficace pour maintenir votre présence dans l'esprit de vos différents cercles professionnels.

> Un cabinet d'avocats spécialisé en droit du travail m'envoie, ainsi qu'à tout son réseau, une newsletter très bien réalisée sur les dernières actualités du domaine social. Je la lis avec attention et la fondatrice du cabinet est une des avocates que je recommande régulièrement lorsque l'on me demande conseil.

Réseau toujours

La maîtrise de l'activation du Réseau orienté *business* constitue bien aujourd'hui la meilleure assurance de succès possible. À ce titre, votre carnet d'adresses représente un capital précieux qu'il serait dangereux de laisser en friche. Tel un jardinier consciencieux, prenez-en un soin constant pour bénéficier de ses bienfaits. De même, ne le laissez pas vieillir : en prenant de l'âge, vous constaterez qu'une partie de vos contacts part à la retraite ou change de métier. Raison de plus pour créer régulièrement de nouvelles connexions auprès de gens plus jeunes pour remplacer les membres de votre réseau qui quittent votre galaxie professionnelle.

Si, en plus, vos affaires prospèrent grâce au Réseau, il paraît juste et normal de rendre service à votre tour aux personnes qui démarrent leur propre *business* et qui vous sollicitent. Il ne s'agit pas seulement de les recevoir et de les conseiller, mais aussi de les orienter et d'exercer une veille active pour les prévenir en cas d'opportunité détectée pour eux.

Utiliser au mieux les réseaux et les événements

Adhérer et participer

Il existe une multitude de réseaux, groupes, associations, fédérations, syndicats, etc. dans votre galaxie Réseau. Évidemment, vous ne pouvez pas être partout mais ce n'est pas une raison pour négliger cette partie essentielle de votre action de *Networking*. La bonne solution consiste à intégrer trois à quatre réseaux existants en fonction de votre profil professionnel et de vos objectifs. Pour cela, prenez le temps de bien choisir les « chapelles » que vous allez rejoindre. Vos contacts Réseau vous aideront à trouver celles qui vous conviennent le mieux, dans la mesure où ils vous donneront les bonnes informations et les bons conseils pour peu que vous les sollicitiez. Rejoindre un groupe de pairs ou un groupe professionnel au sein d'une association, constitue une façon efficace d'être en veille, de rester à la pointe de son métier et de pouvoir agir en prévision des événements plutôt que de réagir avec un temps de retard.

Mais être inscrit ne suffit pas. Une fois dans la place, participez, soyez actif et visible. Ce n'est pas parce que vous avez payé votre cotisation qu'il faut vous asseoir et attendre que l'association vous apporte sur un plateau ce que vous venez y chercher. En effet, dans ces instances, les membres fantômes sont mal vus, au même titre que les profiteurs. Proposez des idées, animez des événements, participez à la vie de la communauté. En agissant de la sorte, vous bénéficierez d'une visibilité et d'une attractivité au sein de celle-ci qui facilitera les mises en contact et le développement d'un Réseautage ciblé.

Occasions de réseauter

Les opportunités de Réseauter se présentent à n'importe quel moment et à n'importe quel endroit. Le Réseautage efficace ne consiste surtout pas à socialiser avec un maximum de personnes. Il s'agit plutôt de rencontrer les professionnels pertinents, au bon endroit et au moment idéal. Les As du *Networking* sont ainsi capables de faire la différence entre un simple contact et une connexion. Un contact, même s'il vous connaît, ne vous recommandera pas à une de ses relations. Une connexion, en revanche, vous apprécie, vous fait confiance et vous fournit la bonne introduction le jour où vous en avez besoin.

Soyez présent dans les événements – conférences, débats, séminaires, formations, cocktails, salons, etc. – que vous avez identifiés comme incontournables. Lors de ces manifestations, agissez comme un hôte et non pas comme un invité. Un hôte prend soin des invités et cherche à les mettre à l'aise. Il s'intéresse à eux et présente les uns aux autres. N'essayez jamais de conclure une affaire lors de ce type de rassemblements professionnels. Ces événements ne sont pas l'occasion de vendre vos produits et vos services en *direct live*. Ces occasions de Réseauter permettent d'initier et de développer des relations avec d'autres profession-nels. Le fait de rencontrer des personnes à des événements est le début du processus de *Networking* et non pas l'occasion d'une vente immédiate.

Deux exemples de réseautage d'affaires : BNI et JKPM

BNI, créé par Ivan Misner aux États-Unis et maintenant présent dans le monde entier, se présente comme le « Leader mondial de la Recommandation d'Affaires ». Implanté en France en 2004, il regroupe 1 500 membres répartis dans 50 groupes qui mettent en application sa méthodologie. Les réunions ont lieu, business oblige, de 7 h 30 à 10 heures le matin et le prix d'entrée dans ce club est inférieur à 1 000 euros par an.

Pour en savoir plus : www.bnifrance.fr

JKPM, pour sa part, se présente comme un hub d'affaires sur Internet entièrement dédié aux recommandations et introductions professionnelles gratuites ou rémunérées. L'adhésion se fait uniquement sur cooptation. Et, surtout, l'anonymat constitue la règle dans les premiers échanges entre membres. En d'autres termes, la personne à qui vous faites une demande de mise en relation ne se dévoile que si elle accepte d'aller plus loin pour favoriser votre mise en relation avec un membre de son réseau. Dans cet outil qui a été lancé en 2010, le connecteur peut être rémunéré sur un pourcentage de l'affaire conclue grâce à son entremise.

Pour en savoir plus : www.jkpm.net

Tirer le maximum des événements

Allez vers les autres. Écoutez et posez des questions. Tout bon *Networker* a deux oreilles et une bouche et les utilise proportionnellement. Après avoir appris ce que votre interlocuteur fait, dites-lui rapidement quelle est votre activité. Soyez concis et impactant pour laisser une trace précise et durable. Passez 80 % de la conversation à poser des questions à votre interlocuteur, sur lui-même et son *business*. Ne parlez pas de vous-même et de vos propres affaires. Même si ce que vous faites intéresse votre interlocuteur, revenez toujours à votre questionnement sur lui et son métier.

Demandez toujours la carte de visite de votre interlocuteur et donnez-lui la vôtre en échange. Un peu plus tard dans la conversation, appelez la personne par son nom. C'est en procédant de la sorte que vous avez le plus de chance de faire d'un simple contact, une connexion potentielle. Si vous réseautez intelligemment, votre interlocuteur ne se rendra pas compte que vous faites du *Networking*. En définitive, il ne faut pas se contenter de Réseauter en largeur, il faut aussi absolument le faire en profondeur.

Engager la conversation avec un inconnu dans un événement professionnel

Entamez par la question introductive :

— *Je vous prie de m'excuser, puis-je vous poser une question ?*

Enchaînez avec une question d'échauffement social telle que :

— *Venez-vous régulièrement à ce type de manifestation ?*

— *Étiez-vous présent à la précédente conférence ?*

— *Comment avez-vous trouvé l'intervenant ?*

— *Que pensez-vous de la thèse que l'orateur a défendue ?*

Passez alors à la question type suivante :

— *Quelle activité professionnelle exercez-vous ?*

— *Dans quel secteur exercez-vous ?*

Agir en professionnel

Dans ces événements, gérez votre temps efficacement. Passez dix minutes maximum avec chaque personne que vous rencontrez, et ne vous collez pas à vos amis ou associés. Par la suite, envoyez un mot ou appelez chaque personne que vous avez rencontrée. Et tenez toutes les promesses que vous avez faites. Si vous rencontrez quelqu'un avec qui vous aimeriez passer plus de temps, convenez de le rappeler pour fixer un rendez-vous ultérieur. Et n'oubliez pas de le faire ! Assurez un suivi minutieux. Sinon, vous aurez perdu votre temps et votre énergie.

Écrivez quelques mots clés sur les cartes que l'on vous donne. Ne le faites pas devant les personnes (ne souriez pas, j'ai vu quelqu'un prendre des notes me concernant sur la carte professionnelle que je venais de lui remettre…) Attendez d'être à votre bureau ou chez vous pour le faire. Inscrivez la date de la rencontre, le lieu, le nom du connecteur, l'objectif de la personne, les actions à mener avec elle, etc. Répartissez ces cartes dans plusieurs classeurs à cartes de visite : un pour vos clients, un pour vos amis, un pour vos prescripteurs, un pour vos prospects, un pour votre réseau de personnes à recommander, etc.

Viadeo et LinkedIn, plus et encore

J'ai été l'un des tout premiers utilisateurs de Viadeo en 2004. Puis, dans la foulée, j'ai vite découvert LinkedIn qui existait depuis un an aux États-Unis. J'ai tout de suite cru à la puissance de ces sites. Aujourd'hui, ces sites sont INCONTOURNABLES. Ils représentent un formidable accélérateur et facilitateur de *Business Networking*. Ne pas les utiliser n'est même pas envisageable !

Facebook est différent : c'est avant tout un réseau personnel qui ne fait pas bon ménage, à ce stade, avec le monde des affaires.

Mais, là encore il faut bien les faire fonctionner. Tout d'abord, il convient de soigneusement remplir votre profil. Chaque site vous guide dans cet exercice. Passez-y du temps et faites tester votre profil par des personnes neutres. Mettez-y l'essentiel, ni trop, ni trop peu. Incorporez-y une excellente photo professionnelle. Pour cela, n'hésitez pas à investir de l'argent chez un bon photographe. Allez voir d'autres profils sur ces sites et faites-vous votre propre idée de ce qu'il faut faire pour être lisible et impactant. Et puis, reconnectez-vous à tous les membres de votre réseau sur ces deux sites. Et une fois que vous serez prêt, recherchez des personnes intéressantes à rencontrer pour vous. Si elles se situent à une seule connexion de vous, c'est du gâteau car cela veut dire que vous avez une relation commune. Vous êtes alors dans une configuration d'appel chaud.

Et n'oubliez jamais que dans le Réseautage d'affaires, il faut toujours privilégier un rendez-vous en face-à-face. En d'autres termes, une poignée de clics ne remplace pas une poignée de main.

10 conseils pour être efficace
sur Viadeo et LinkedIn

- Remplissez soigneusement votre profil (pas de fautes de frappe !).
- Soyez cohérent entre votre profil Viadeo et votre profil LinkedIn.
- Mettez une photo de VOUS de qualité professionnelle.
- Présentez votre entreprise dans l'espace dédié.
- Réglez minutieusement les paramètres de l'outil pour l'adapter à vos besoins.
- Prenez le temps de vous faire initier à ces outils par une personne (du réseau) qui les maîtrise.

- Entrez en rapport avec vos relations professionnelles présentes sur ces sites pour les intégrer dans vos « contacts ».
- Inscrivez-vous aux groupes ou *hubs* qui vous intéressent, et qui font sens pour vous.
- Chargez les applications pertinentes pour vous, que ces outils mettent à votre disposition.
- Nettoyez régulièrement votre liste de contacts, en éliminant les personnes qui sortent de votre galaxie.

Fuir les « toxiques » comme la peste

Dans le *Réseau Business*, méfiez-vous des « toxiques », ces personnes qui – volontairement ou non – nuisent gravement à votre efficacité ! Ces nuisibles constituent la peste du *Networking*. Ils sont multiformes : cela va du profiteur au harceleur, en passant par le mal élevé, l'amnésique, le geignard, le mégalo, le pervers, etc., soit toute une galerie de personnalités qui errent comme des âmes damnées dans la galaxie du Réseau. Le « toxique » a un talent rare pour vous décourager, vous démoraliser, voire écorner votre réputation dans le monde des affaires. Attention, il peut quelquefois se cacher dans votre entourage proche.

On trouve deux types de « toxiques » :

- les négatifs qui ne croient généralement pas dans le Réseau, s'en méfient et le dénigrent. Ils ont une réelle capacité à vous démoraliser et à stopper votre dynamique positive ;
- les psychorigides du Réseautage qui pensent tout savoir dans ce domaine et imposent leur loi, leurs conseils impérieux, leurs critiques assassines et leur soif de pouvoir sous couvert d'une légitimité autoproclamée.

S'organiser et sur-entretenir sa force de vente gratuite

Être bien organisé

L'organisation constitue l'un des facteurs clés de la réussite de l'activation du *Réseau Business* dans le cadre de l'objectif que vous vous êtes fixé. À cet effet, munissez-vous de tous les accessoires indispensables au bon Réseautage :

- un BlackBerry, un iPhone, Smartphone, etc., avec agenda et répertoire ;
- des cartes de visite professionnelles sobres et informatives ;
- un tableau de suivi des contacts (voir dans le chapitre « Outils » de cet ouvrage) ;
- un modèle de fiches contact.

Gérer le flux de cartes de visite que vous récupérez représente tout un art. Ne les jetez surtout pas ! Évitez de les stocker dans un tiroir, dans une boîte à chaussures ou en paquet entouré d'un élastique. Répartissez-les soigneusement dans plusieurs classeurs à cartes de visite et n'appelez pas la personne ainsi répertoriée neuf mois après, quand vous avez soudainement besoin d'elle. Parallèlement, entrez son nom dans votre base de données et envoyez-lui régulièrement de l'information. Ainsi, quand vous l'appellerez, vous ne passerez pas pour l'insupportable opportuniste, mais pour une relation d'affaires régulière et de confiance.

Se créer une base de données

Êtes-vous capable de me donner en moins de cinq minutes la liste des cinquante personnes qui ont eu le plus grand impact sur le développement de votre business depuis deux ans ? Attention, je ne parle pas uniquement de vos clients, mais aussi de vos prescripteurs, de vos apporteurs d'affaires, de vos préconisateurs, etc. Si vous êtes en mesure de le faire, bravo, vous êtes sûrement un As du Réseau.

Se constituer – et entretenir constamment – une base de données bien agencée, représente une nécessité absolue pour mener une action de Réseautage Business efficace. Il ne s'agit pas uniquement d'enregistrer les noms et les coordonnées de vos contacts Réseau. Il faut aller beaucoup plus loin en enregistrant toutes les recommandations que votre réseau vous envoie, les affaires que ces connexions vous ont apportées, tous les événements importants vécus par ou avec vos contacts, tous les échanges avec les uns et les autres. Cela représente un travail important qui, à première vue, peut sembler inutile. Mais, vous le constaterez vite, c'est dans la durée que l'on mesure les effets indéniablement positifs d'une telle organisation de sa galaxie réseau.

Se fixer un timing

Le *Business Networking* efficace se résume à un objectif précis, servi par une stratégie pertinente et cadrée dans un délai fixé.

Il est donc essentiel de se fixer un calendrier. L'expérience montre qu'un découpage de l'année en deux périodes – janvier à juillet et septembre à décembre – fonctionne bien. Établissez votre plan d'action et couchez-le par écrit. Vous en trouverez un exemple dans les outils proposés dans la troisième partie. Consultez votre plan d'action régulièrement. Ajustez le tir en cours de période si vous constatez des écarts par rapport à vos prévisions et mettez le turbo si nécessaire. En fin de période, mesurez vos résultats en fonction de vos objectifs. Puis élaborez votre nouvelle stratégie *Réseau Business* pour les quatre ou six mois à venir.

En adoptant cette discipline, vous multipliez vos chances d'atteindre les résultats fixés. Le Réseau étant chronophage, autant rentabiliser le temps que vous y consacrez. Certains pourraient trouver cet exercice trop scolaire, mais ils auraient tort de s'en affranchir. Je constate les meilleurs résultats chez ceux qui suivent cette discipline. C'est d'ailleurs un excellent critère pour m'aider à distinguer le Réseauteur professionnel de l'incorrigible amateur.

Jamais sans ma carte de visite

L'inusable carte de visite est indispensable à tout bon Réseauteur. Elle vous présente et constitue une trace physique importante que vous laissez au Réseau. Pour la rendre performante, misez sur la sobriété et le bon goût. Évitez les cartes fines et molles éditées gratuitement sur le dos desquelles se trouve une publicité pour le fabricant… Si vous êtes consultant, ne laissez pas libre cours à votre créativité débridée qui, au final, risque de ruiner votre image de professionnel.

Si vous travaillez en entreprise, pensez à bien négocier votre titre au moment de votre recrutement, car c'est lui qui figurera de longs mois sur ce bristol qui vous précède, vous accompagne ou vous suit. Une fois muni de vos précieuses cartes de visite, ne distribuez pas vos coordonnées à tout vent : soyez sélectif. En revanche, ne vous laissez jamais prendre au dépourvu : gardez toujours vos précieux bristols sur vous, dans votre portefeuille, dans votre sac, dans votre mallette, dans votre voiture, etc. Carton rouge à l'individu pris en flagrant délit de : « Désolé, je n'ai pas de carte de visite sur moi ».

Prescripteurs & Co

Networker efficacement consiste à construire une équipe ultra-performante autour de vous. Il est donc essentiel non seulement de rassembler mais aussi d'entraîner VOS ambassadeurs itinérants pour leur apprendre à travailler pour vous. Dans ce but, il faut trouver un bénéfice utilisateur simple et impactant pour le produit ou le service que vous vendez, et faire en sorte que VOTRE force de vente le retienne.

Vos ambassadeurs sont plus nombreux que vous ne le pensez. Ils ne se limitent pas à vos seuls clients. Ils comprennent vos prescripteurs, préconisateurs, veilleurs, apporteurs d'affaires, etc., toute cette nébuleuse de professionnels qui gravitent autour de vous. La plupart d'entre eux n'achèteront jamais votre produit ou vos services. En revanche, ce réseau constitue votre force de vente gratuite et, je l'espère pour vous, dévouée. Vous n'avez pas besoin de lui expliquer en détail votre produit ou votre offre. Il faut simplement qu'il sache l'essentiel pour qu'il vous recommande.

Entraîner sa force de vente gratuite

Aujourd'hui, il est essentiel de se former « tout au long de la vie ». En ce qui concerne votre réseau, c'est la même chose, il faut l'éduquer de façon permanente.

Voici quelques conseils pour vous y aider :

- enseignez aux membres de votre réseau ce qu'est une bonne recommandation pour vous. Mieux vous la décrirez, mieux votre force de vente pourra vous la fournir ;
- partagez vos profils de clients idéaux et vos histoires de clients actuels ;
- demandez spécifiquement les recommandations que vous désirez. Soyez précis ;
- suscitez de nouvelles idées auprès de vos ambassadeurs ; ils seront toujours ravis de vous donner leurs avis et suggestions pour optimiser votre offre.

Mettre tous ses collaborateurs au Réseau

Dans beaucoup d'entreprises, le *new business* ne dépend pas seulement du dirigeant et de sa force de vente. C'est aussi, avant tout, l'affaire de tous les salariés de l'entreprise. Si vous désirez passer la vitesse supérieure et mettre tous vos collaborateurs au *Business Networking*, voici quelques bons conseils :

- incluez le Réseautage dans la *job description* de chaque nouvelle recrue. Et insistez sur ce point ;
- ayez des attentes claires mais raisonnables vis-à-vis de chaque collaborateur ;
- apprenez à votre équipe les techniques du Réseautage efficace ;

- organisez des sessions de formation interne ;
- motivez votre équipe. Chaque recommandation doit être récompensée *via* un système de bonus : contact établi, affaire conclue, etc. Faites-le savoir et rendez visibles les résultats et les récompenses.

L'équipe dirigeante doit absolument montrer l'exemple et communiquer inlassablement sur cette priorité stratégique. Lorsque j'interviens en entreprise, mon message s'adresse autant aux collaborateurs de l'entreprise (que je suis là pour former) qu'aux managers. J'incite ces derniers à ne jamais relâcher la pression sur ce nouvel état d'esprit et à le diffuser de façon insistante auprès de leurs équipes.

Du temps obligatoire pour le Réseau

Le *Networking* représente une activité chronophage. Le problème est qu'elle peut être perçue comme accessoire, secondaire et donc pouvant être sacrifiée sur l'autel des urgences du quotidien. Le Réseau exige qu'on lui consacre un temps minimal si l'on désire en retirer de réels bénéfices. Il est donc crucial de se ménager des plages horaires réservées à cette activité dans l'agenda de la semaine.

Je considère qu'il est essentiel de consacrer un minimum de cinq à huit heures par semaine à faire du *Business Networking*. Ce temps choisi doit vous permettre de renouer des contacts, prendre des nouvelles des uns, envoyer une information aux autres, proposer des déjeuners ou des petits déjeuners. En observant cette discipline hebdomadaire, vous serez déjà sur la voie royale pour réussir. Le simple fait de lire la presse professionnelle et les sites spécialisés avec l'œil d'un *Business Networker* vous permet, par exemple, de trouver des opportunités de contact avec vos relations professionnelles là où un lecteur non connecté ne verra rien.

J'insiste sur ce point : le succès de votre démarche Réseau dépend du bon équilibre entre l'intensité et la précision de votre activation.

Déjeuners Réseau

Il faut obligatoirement vous servir de tous vos déjeuners en semaine pour faire du *Networking*. Ne déjeunez jamais seul et pas toujours avec les mêmes ! Le déjeuner est un moment privilégié pour rencontrer les différentes personnes de votre galaxie professionnelle. Si vous avez 220 personnes dans votre réseau, cela vous permet de déjeuner – j'enlève les vacances et les week-ends – au moins une fois par an avec chacune d'elles !

Optimiser l'organisation de vos déjeuners constitue une avance cruciale dans le cadre de votre efficacité Réseau. Vous pouvez aussi étendre cette discipline aux petits déjeuners, aux dîners, aux apéritifs et autres verres ou cafés.

Les petits déjeuners, pour peu qu'ils soient pris tôt et ne s'éternisent pas, constituent une occasion supplémentaire de créer des opportunités de rencontres Réseau. Il est recommandé de fixer l'heure du rendez-vous entre 8 heures et 8 h 30 et de les formater à une durée d'une heure pour éviter d'empiéter sur la journée de travail. Si vous pouvez choisir le lieu, privilégiez un café situé près de votre bureau et pas trop bruyant.

L'intérêt des dîners réseau est de permettre un échange plus détendu et sans contraintes de temps, contrairement aux déjeuners où il faut toujours garder un œil sur sa montre. Je considère personnellement qu'un dîner vaut deux déjeuners en termes d'efficacité Réseau. Alors pourquoi s'en priver ? Les « pots », cafés et autres apéritifs constituent, en outre, autant d'opportunités pour retrouver des membres de son réseau sans prendre trop de temps sur ses heures de travail.

Synthèse pour action

Voici une synthèse des éléments essentiels à retenir pour développer un *Business Networking* efficace !

Maîtrisez l'art du *Business Networking*

Rappelez-vous TOUJOURS que le Réseau est fondé sur la CONFIANCE.

Privilégiez une relation de professionnel à professionnel.

Capitalisez sur vos relations d'affaires au sens large, et ne comptez pas trop sur vos amis et proches.

Jouez toujours gagnant-gagnant.

Ne faites jamais les comptes entre ce que vous donnez et ce que vous recevez.

Respectez la politesse la plus élémentaire et les règles de savoir-vivre.

Tenez vos promesses !

Efforcez-vous de donner avant de recevoir.

Formater son offre idéale

Cernez votre marché et votre concurrence.

Identifiez votre zone d'expertise ou d'excellence.

Adoptez un marketing de niche.

Déterminez précisément votre offre.

Définissez-vous un positionnement simple, clair et original.

Ne vendez pas un produit mais la solution efficace à un problème précis.

Soyez enthousiaste, donnez envie.

Cartographier sa galaxie Réseau

Répertoriez et organisez votre réseau existant.

Cartographiez votre écosystème.

Développez et diversifiez votre réseau.

Repérez les « super-connecteurs ».

Établir une stratégie de *Networking* gagnante

Agissez en As du Réseau en définissant une stratégie.

Choisissez un objectif précis.

Déterminez des objectifs intermédiaires.

Définissez précisément vos cibles (liste de noms de personnes et/ou d'entreprises).

Établissez et écrivez votre plan d'action.

Sortez régulièrement la tête du guidon de vos affaires et soyez ouvert aux cibles d'opportunité.

Mesurez régulièrement vos résultats pour, le cas échéant, corriger le tir.

Apprenez et adoptez les bons réflexes.

Prendre contact efficacement

Utilisez l'arme absolue : la RECOMMANDATION.

Introduisez les « appels chauds » dans vos habitudes commerciales.

Conservez les « appels froids » pour les particuliers (prospects importants mais pas de connecteur pour les contacter).

Ayez toujours une bonne recommandation lorsque vous contactez un inconnu.

Adoptez l'écoute active et ne parlez pas trop.

Créez une présentation personnelle courte et impactante.

Prospecter sans effort

Demandez d'abord si vous pouvez aider ou rendre service.

Osez demander de l'aide, des conseils ou un avis.

Ne demandez pas des choses impossibles !

Adaptez votre demande à votre interlocuteur.

Soignez vos formulations.

Utilisez l'approche frontale.

Utilisez aussi l'approche latérale.

Demandez efficacement des contacts à vos clients.

Excellez dans vos rendez-vous réseau en les maîtrisant avant, pendant et après.

Soyez très rigoureux dans le suivi régulier de tous vos contacts.

N'arrêtez jamais de prospecter.

Fidéliser pour longtemps

Fuyez le Réseautage jetable, maladroit et opportuniste.

Passez du temps à penser à votre réseau pour que celui-ci pense à vous.

Établissez un programme régulier de relations avec vos clients, ex-clients et le reste de vos contacts.

Pensez à remercier, féliciter et connecter les membres de votre écosystème.

Faites des petits cadeaux.

N'oubliez pas d'envoyer une carte de vœux personnalisée à chacun de vos interlocuteurs réseau en fin d'année.

Ne médisez pas sur vos clients, fournisseurs et concurrents.

Faites de vos clients mécontents vos meilleurs ambassadeurs.

Maximiser sa visibilité et sa lisibilité

Soyez visible et incontournable dans votre sphère professionnelle.

Rédigez et faites publier des articles.

Publiez un livre sur votre domaine d'expertise quitte à le publier à compte d'auteur car il vous servira d'outil business.

Développez et entretenez vos relations presse.

Optimisez votre présence sur le Net en mettant votre profil sur les sites de Réseautage pertinents pour vous.

Utiliser au mieux les réseaux et les événements

Inscrivez-vous et participez à au moins trois réseaux pertinents pour votre business.

Rendez-vous aux événements avec une mentalité d'hôte.

Intéressez-vous sincèrement aux autres.

Jouez collectif ; renvoyez l'ascenseur dès que vous le pouvez.

Ayez toujours des cartes de visite sur vous.

Proposez aux personnes rencontrées de vous mettre en relation sur LinkedIn ou sur Viadeo.

Twittez sur votre actualité.

S'organiser et sur-entretenir sa force de vente gratuite

Équipez-vous du paquetage du parfait Réseauteur : cartes de visite, agenda, répertoire, classeur à cartes, tableau de suivi, connexion Internet, etc.

Annotez les cartes de visite que vous recevez ; classez-les.

Répondez à toute sollicitation dans les 24 heures.

Respectez scrupuleusement votre plan d'action

Séparez l'année en deux périodes d'action (janvier à juillet et septembre à décembre).

Soyez généreux avec vos cartes de vœux de fin d'année.

Consacrez le temps nécessaire au Réseau : au moins cinq heures par semaine.

Optimisez vos déjeuners : ne déjeunez pas seul et toujours avec les mêmes personnes.

Conclusion
Networking or Not Working

Désormais, dans la vie des affaires, vous avez le choix entre *Networking* et *Not Working*. C'est le moment de laisser aux autres le Réseautage gentillet et totalement désorganisé. Je parle de ceux qui réseautent mollement sans s'en rendre compte, jusqu'à ce qu'ils tombent par hasard sur un article de presse concernant le *Business Networking*. Ne vous attardez pas non plus sur les papillons du *Networking* qui butinent au petit bonheur la chance et considèrent que c'est amplement suffisant. Ce sont les touristes du Réseau. Ils sont légion.

Devenez un *Networker* professionnel en agissant différemment.

À quoi reconnaît-on un As du *Networking* ? Il est tout d'abord organisé et préparé. Il a compris l'importance du Réseautage d'affaires et en a fait un avantage concurrentiel déterminant dans sa stratégie d'action. Il sait qu'en passant du statut d'amateur à celui de professionnel, il atteint 80 % des objectifs qu'il s'est fixés au lieu des 20 % promis au velléitaire du réseau. L'As du *Networking* est à l'affût de toutes les occasions de contact. Il se maintient constamment dans l'action. Il peut ralentir le rythme pour réfléchir à sa stratégie, mais il continue toujours d'avancer car le Réseautage s'apparente au vélo : on tombe dès que l'on s'arrête.

Les quatre réacteurs de la réussite

Pour réussir le développement de son business aujourd'hui, il faut réunir quatre éléments indissociables :

* les meilleures compétences dans sa spécialité ;
* une vision claire et réaliste de son objectif ;
* une offre visible auprès d'une cible identifiée ;
* un réseau performant particulièrement bien entretenu.

Ces quatre moteurs sont indispensables pour faire progresser votre chiffre d'affaires et votre bénéfice. Qu'un seul de ces propulseurs fasse défaut et votre business ne décollera pas.

Ce n'est qu'un début, le combat continue

Réseauter s'apparente à un combat : contre soi-même, parce que ce n'est pas là une activité génétiquement programmée dans le « disque dur » de l'individu lambda ; également contre les *a priori* et les préjugés, notre société n'ayant pas encore fait sa révolution culturelle dans ce domaine. En choisissant d'utiliser le *Business Networking*, vous entrez dans un monde nouveau dont vous ne soupçonnez pas encore les possibilités. Le seul regret que vous puissiez avoir est de ne pas vous y être mis avant !

En matière de *Networking*, soyez optimaliste plutôt que perfectionniste. Comme l'explique Tal Ben-Shahar dans son livre *L'apprentissage de l'imperfection*, la personne optimaliste prend en compte la réalité des choses et s'efforce de faire de son mieux. Elle accepte l'échec et le transforme en tremplin pour rebondir. Elle se met la barre haut, mais ne se fixe pas des objectifs inatteignables qui finiront par la frustrer et la rendre malheureuse. Le bon Réseauteur est un optimaliste avisé.

Faites-vous aider

Keith Ferrazzi est très connu dans le monde du *Networking* pour avoir publié, en 2005, un livre majeur sur le sujet, *Never Eat Alone*. Quatre ans plus tard, dans son deuxième livre *Who's got your back*, voilà ce qu'il nous confie : « *En 2005, mon premier livre,* Never Eat Alone, *est devenu un best-seller.(…) Pour le monde extérieur, je donnais l'impression d'avoir tout à la fois – succès, argent, reconnaissance. (…) En apparence, ma vie était géniale, la réalité était différente. (…) Je n'avais aucune personne dans ma vie auprès de laquelle je pouvais me tourner pour avoir un avis sincère, neutre et sans* a priori *sur la façon dont je conduisais ma vie et mon business.* »

Le *Business Networking* est un art difficile. Il requiert de la technique, de l'énergie et de l'humilité. Le Réseau peut être excitant comme il peut être très frustrant. Le fait d'être accompagné par un spécialiste dans la mise en œuvre de son action de *Networking* est un atout considérable. Tout comme au golf, si vous apprenez les bons gestes avec un professionnel et qu'il vous accompagne régulièrement sur le parcours, vous atteindrez très rapidement un bon niveau. Pareillement, dans le Réseau, une fois que vous aurez identifié la personne qui peut vous aider à prendre du recul sur vos actions, programmez de la rencontrer au moins deux fois par an pour faire le point avec elle et recueillir ses commentaires.

10 mauvaises façons de faire du *Réseau Business*

- Le Réseautage « Klennex » : je prends les contacts, les utilise, les jette et disparais.
- Le Réseautage « 100 % Internet » : je ne fais du réseau que sur Internet et ne rencontre personne.
- Le Réseautage « sens unique » : je prends mais je ne donne jamais en retour.
- Le Réseautage « à la hussarde » : je harcèle le réseau jusqu'à ce que j'obtienne ce que je veux.

- Le Réseautage « Lucky Luke » : je ne veux rien devoir à personne donc je ne demande jamais d'aide.
- Le Réseautage « tricheur » : je viens de la part de gens que je dis connaître, alors que c'est faux.
- Le Réseautage « malotru » : je ne remercie jamais le réseau et cela ne me gêne pas.
- Le Réseautage « salon de thé » : je fais du réseau, je ne lui demande rien et donc n'obtiens rien.
- Le Réseautage « stakhanoviste » : je fais du réseau, et que du réseau, 7 jours sur 7, jour et nuit.
- Le Réseautage « à la lettre » : j'applique bêtement ce que me disent les livres sur le réseau.

Essayer le *Réseau Business*, c'est l'adopter

L'une des grandes satisfactions dans mon métier consiste à voir les individus que j'ai formés au *Business Networking* retenir d'autant mieux la leçon que les résultats sont rapidement tangibles. Une fois qu'ils ont goûté à cette potion magique, ils ne peuvent plus s'en passer. Parce que le bon Réseautage se transforme en partenariat, en association et en art de vivre. De surcroît, la capacité à créer et à entretenir efficacement un réseau devient un avantage compétitif incontournable, plus efficace qu'un super-diplôme, dans un environnement professionnel de plus en plus international et en constante mutation.

Cependant, la France reste encore en retard par rapport aux pays anglo-saxons dans ce domaine. Mais, grâce à la mobilisation des médias, les mentalités évoluent rapidement et le concept du *Réseau Business* gagne lentement mais sûrement ses lettres de noblesse. J'en veux pour preuve les communautés professionnelles et les entreprises qui, de plus en plus nombreuses, me demandent de donner des conférences et des formations sur ce sujet.

Démarrer

Plus vous gagnerez en maturité et progresserez sur le plan professionnel, plus le *Business Networking* deviendra indispensable pour consolider vos positions acquises et préparer vos prochaines conquêtes. Rappelez-vous qu'un Réseau se construit quand tout va bien, pas juste au moment où l'on en a le plus besoin. Alors, autant commencer le plus vite possible. Votre *Réseau Business* constitue un capital précieux, mais encore faut-il savoir le faire « travailler » pour qu'il prospère. À certaines occasions, c'est un tremplin. À d'autres moments, c'est un filet de sécurité.

Pour démarrer votre activation du Réseau, commencez par donner. On peut appliquer au *Business Networking* la célèbre tirade de John F. Kennedy[1] : « *Ne vous demandez pas ce que le Réseau peut faire pour votre business, mais plutôt ce que vous pouvez faire pour son business à lui.* » Si vous rendez un service à une de vos relations d'affaires, il y a fort à parier que celle-ci aura à cœur de vous rendre un service si l'occasion se présente. Sans compter qu'il est beaucoup plus aisé de demander de l'aide à quelqu'un à qui l'on a déjà rendu service.

Conclusion : rien ne vous empêche de commencer dès aujourd'hui à faire du Réseautage votre mode de vie.

Action ! À vous de jouer

Travaillez chaque jour votre réseau. Les As du *Networking* ne regardent pas placidement le réseau se faire tout seul. Ils sont à

---

1. « *Ask not what your country can do for you. Ask what you can do for your country.* » (Ne demandez pas ce que votre pays peut faire pour vous. Demandez ce que vous pouvez faire pour votre pays.)

l'affût d'opportunités, ils font du *Réseau Business* un art et une discipline de vie. Ils réorganisent régulièrement leurs cartes de visite, ils programment des rendez-vous et des déjeuners en avance pour optimiser leur temps et leur action.

Les As du *Networking* ne s'arrêtent jamais de Réseauter. Le Réseautage est si ancré dans leurs habitudes qu'ils ne limitent pas cette activité à leur seule vie professionnelle. Ils réseautent chez leur médecin, ils le font avec les autres parents d'élèves, ils continuent de le faire en vacances. Ils ont compris que le Réseautage, *in fine*, correspond à moins de travail et plus de plaisir.

Allez de l'avant ! Prenez des risques sachant que le plus grand péril pour votre *business* serait justement de ne pas utiliser le Réseau.

Et que la force du Réseau soit avec vous !

PARTIE 2

Dix exemples de cartographie Réseau

Les dix écosystèmes Réseau Business présentés ici proviennent de cas réels.

Ces exemples illustrent parfaitement la règle qu'il existe différentes façons de cartographier sa galaxie Réseau.

Mais ce ne sont que des exemples ; il ne faut donc pas les considérer comme le schéma idéal correspondant à chaque métier ou activité représentée. En d'autres termes, deux professionnels exerçant exactement le même métier peuvent construire deux écosystèmes différents. Les différences seront le plus souvent liées au parcours et à la personnalité de chacun d'entre eux.

Toute réflexion et tout travail de *Business Networking* doivent intégrer cette étape. Par la suite, la cartographie Réseau doit évoluer et s'enrichir au fil des années.

Cartographie Réseau
conseil ressources humaines

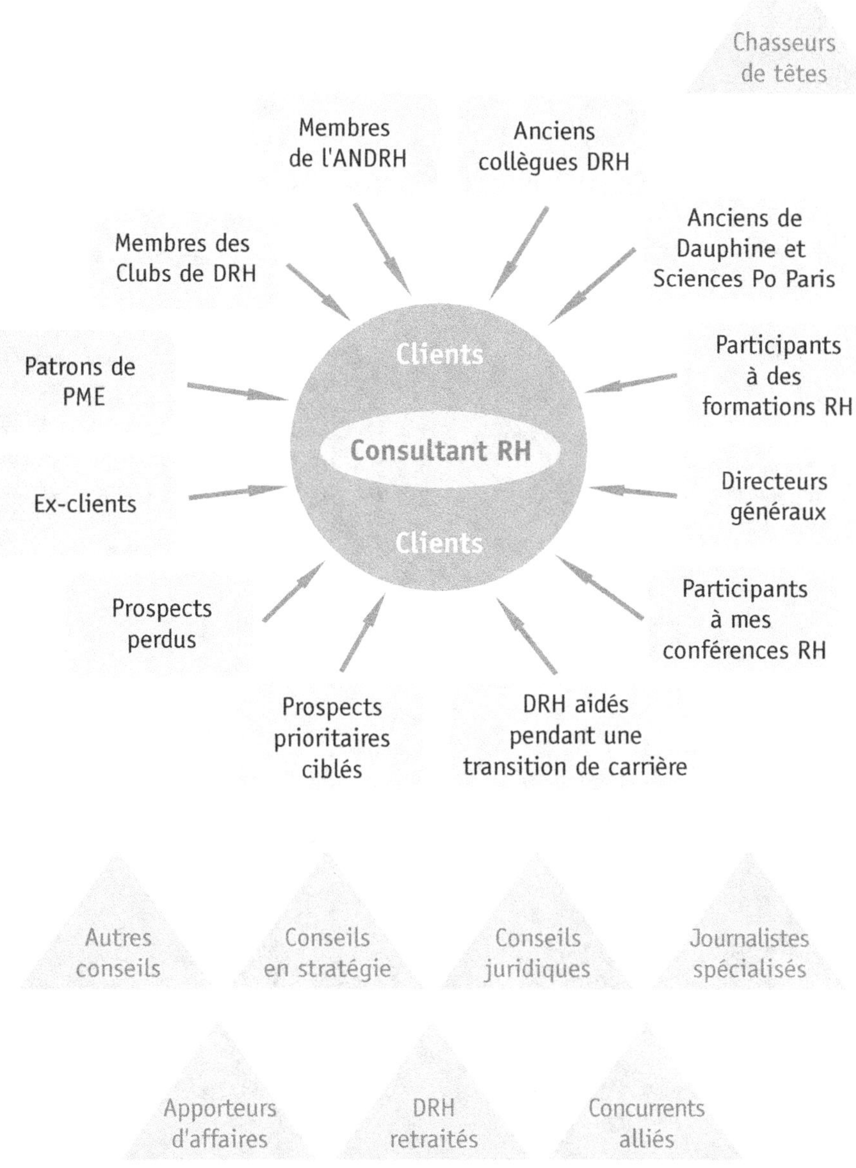

Cartographie Réseau directeur marketing et commercial

Cartographie Réseau chasseur de têtes

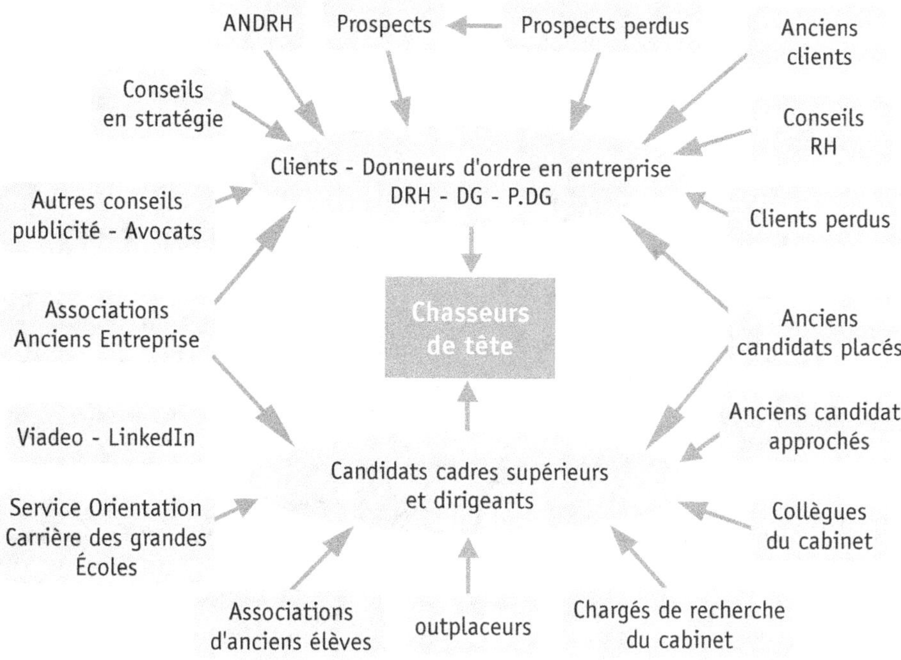

Cartographie Réseau responsable
de cabinet de management de transition

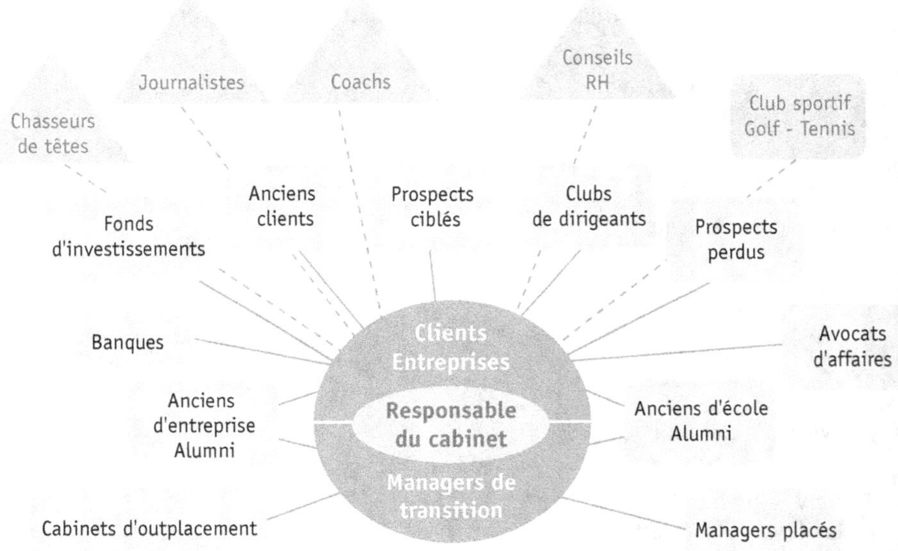

Cartographie Réseau dirigeant d'entreprise

Cartographie Réseau avocat en droit social

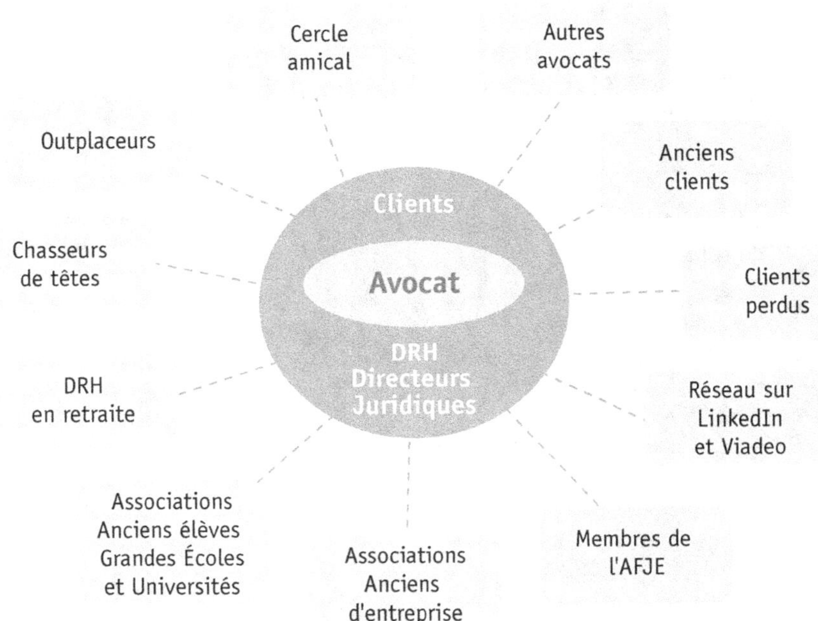

Cartographie Réseau
cabinet conseil en stratégie

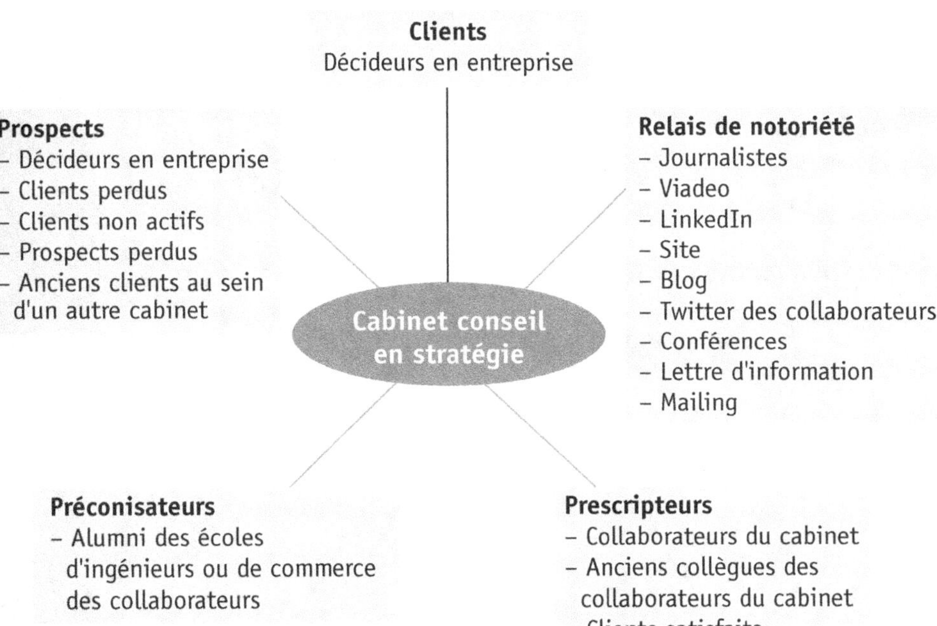

Cartographie Réseau entrepreneur

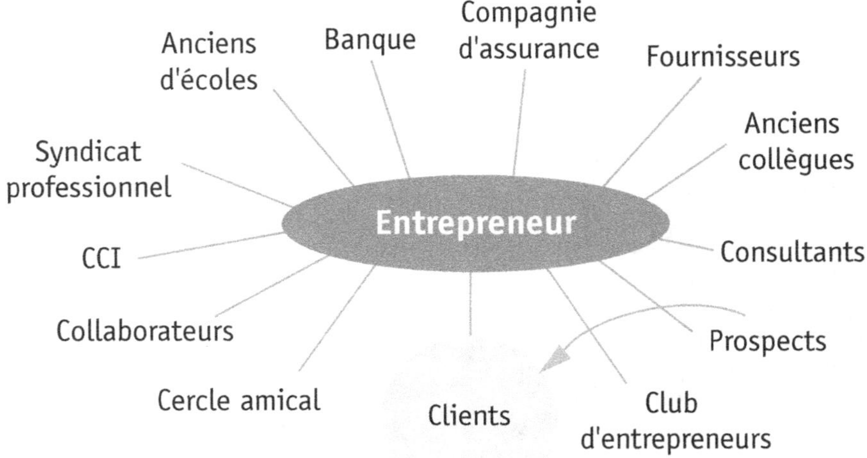

Cartographie Réseau conseil formation

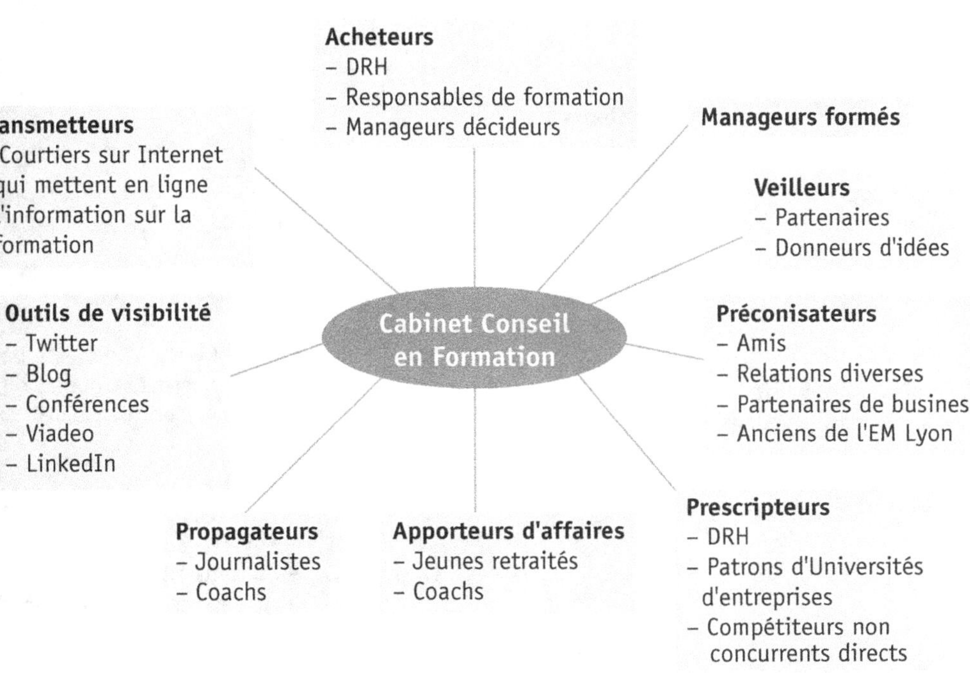

Cartographie Réseau
conseil en achat d'espace média

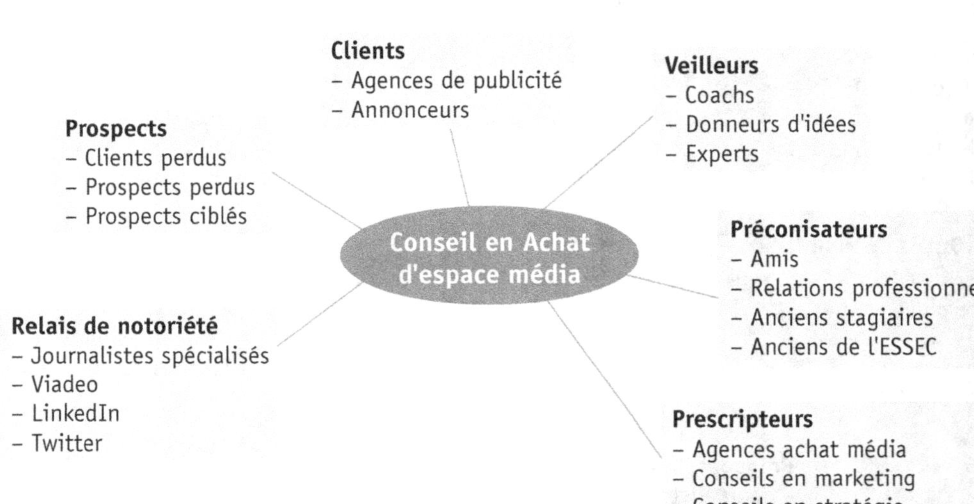

PARTIE 3

Dix outils *Réseau Business*

Outil 1

Mon offre

Nom de mon offre (de produit ou de service)

....

....

....

Description de mon offre

....

....

....

Caractéristiques de mon offre	Service rendu par mon offre
....	....
....	....
....	....
....	....

Principal point de différence	Client idéal
....	....
....	....
....	....
....	....

Prix	Mode de distribution
....	....
....	....
....	....

Outil 2

Description du client idéal

Sexe :

Tranche d'âge :

Formation :

Situation familiale :

CSP :

Niveau de revenus :

Pays ou région :

Réseaux fréquentés :

Problème que vous pouvez l'aider à résoudre :

Bénéfice que vous lui offrez :

Moyens qu'il a de vous connaître :

Prescripteurs pouvant vous introduire auprès de lui :

Préconisateurs pouvant lui parler de vous :

Veilleurs aptes à vous renseigner sur lui :

Sa connaissance/son expérience de la concurrence :

N.B : on peut adapter cet outil à l'entreprise cliente idéale.

Outil 3

Principaux concurrents

Liste des principaux concurrents à renseigner de la façon suivante :

Nom de l'entreprise (ou de l'individu) :

Coordonnées :

Adresse du site :

Nom du (des) dirigeant(s) :

Chiffre d'affaires annuel :

Résultat net annuel :

Nombre de collaborateurs :

Principaux clients connus :

Mode de prospection privilégié :

Type de programme de fidélisation :

Outils de communication utilisés :

Réseaux privilégiés :

Point fort essentiel :

Principale faiblesse identifiée :

Outil 4

Mon Positionnement

Positionnement de mon offre

Expression de votre positionnement dans votre domaine (spécialiste du, expert de, professionnel de, etc.). Soyez le plus spécifique et différenciant possible.

....

Supports du positionnement

Domaine d'expertise :	Expérience :	Noms de clients pouvant, le cas échéant, témoigner :
....	....	
....	....	....

Bénéfice client

Principal bénéfice que votre client peut attendre de votre produit et de votre service (et si possible qu'il ne trouvera pas chez le concurrent) :

....

Fait d'armes

Histoire simple et forte illustrant votre savoir-faire et votre expertise. L'histoire peut être différente d'un client à l'autre :

....

Outil 5

Mon objectif

Objectif principal

....
....
....

Délai

....

Objectifs secondaires

....

Actions à mener

1...
2...
3...
4...
5...
6...

Outil 6

Mon Message clé

Message central

La phrase qui présente votre offre de façon spécifique et originale : ....
....
....
....

Mots clés

Les mots clés de votre message :
....
....

Tonalité du message

Le choix de la tonalité de votre message :
....
....

Outil 7

Compte rendu d'entretien

Nom :

Entreprise :

Coordonnées :

Date de l'entretien :

Lieu de l'entretien :

Objectif de l'entretien

Sujets traités pendant l'entretien :

Ce que vous avez reçu :

Ce que vous avez donné :

Quelles actions à lancer pour vous :

Quelles actions à lancer par votre interlocuteur :

Prochaine occasion de contact à prévoir le :

Outil 8

Mon tableau de suivi des contacts

Nom	Prénom	Poste société	Téléphone Mail	Adresse	Connu via	Dates des rencontres	Besoins	Actions 1	Actions 2
PERSON	André	DGA PEPS	0108273426 person@peps.fr	95, Boulevard Haussmann 75008 Paris	Georges Martin	12/05/10 12/07/10 24/09/10	Lancement d'un nouveau label	Présentation à Marc Pain 12/07/10	Signature d'un contrat 24/09/10

Outil 9

Panorama des réseaux en France

Écoles

Association des diplômés de l'**Agro** Paris : www.ingenieursdelagro.org

Association des diplômés d'**Audencia** : www.reseaudencia.com

Association des Ingénieurs **Arts et Métiers** : www.arts-et-metiers.asso.fr

Association des **Centraliens** : www.centraliens.net

Association des anciens élèves de **Dauphine** : www.anciens-dauphine.org

Association des diplômés de l'**EDHEC** : www.edhecalumni.com

Association des diplômés de l'**EM Lyon** : www.em-lyonalumni.com

Association des diplômés de l'**ENA** : www.aaeena.fr

Association des diplômés de l'**ENS** : www.archicubes.ens.fr

Association des anciens de l'**ENSAE** : www.ensae.org

Association des anciens élèves de l'**ENSTA** : www.amicale-ensta.org

Association des diplômés de l'**ESCP-EUROPE** : www.escpeuropealumni.org

Association des diplômés de l'**ESC Lille** : www.diplomes.esc-lille.fr

Association des diplômés de l'**ESC Reims** : www.rms-network.com

Association des diplômés de l'**ESC Rouen** : www.escrouenalumni.net

Association des diplômés du groupe **ESSEC** : www.essecnet.com

Association des diplômés de l'**ESTP** : www.sidetp.org

Association des diplômés d'**Euromed** : www.anciens.euromed-marseille.com

Harvard Business School **Club de France** : www.hbsclubfrance.org

Association des diplômés **HEC** : www.groupehec.asso.fr

Association des diplômés de l'**IAE Paris** : www.iae-paris.org

Association des auditeurs de l'**IHEDN** : www.2a-ihedn.org

Association des diplômés de l'**INSEAD** : www.inseadalumni.org

Association des anciens élèves des **Mines** de Paris : www.inter-mines.org

Association des diplômés de l'**École navale** : www.aovc.org

Association des anciens élèves de **Polytechnique** : www.polytechnique.org

Association des diplômés des **Ponts et Chaussées** : www.ponts.org

Association des diplômés de **Sciences Po** : www.sciences-po.asso.fr

Association des diplômés de **Supaéro** : www.supaero.org

Stanford Business Club : www.stanford-business-club.asso.fr

Association des diplômés de **Supélec** : www.ingenieurs-supelec.org

Association des diplômés de **Télécom Paris** : http ://aist.enst.fr

Métiers

Association des Directeurs et Responsables **Achat** (ADRA) : www.adra.asso.fr

Administrateurs d'entreprises : www.apia.asso.fr

Institut Français des **Administrateurs** (IFA) : www.ifa-asso.com

Société Française des **Analystes Financiers** (SFAF) : www.sfaf.com

Club des **Annonceurs** (CDA) : www.leclubdesannonceurs.com

Compagnie des Dirigeants d'**Approvisionnement et Acheteurs** de France (CDAF) : www.cdaf.asso.fr

Institut Français de l'**Audit et du Contrôle Interne** (IFACI) : www.ifaci.com

Confédération Nationale des **Avocats** (CNA) : www.cna-avocats.com

Union Pour la Générosité (UPG) (**Collecteurs de fonds**) : www.uniongenerosite.org

Union Française des Associations Régionales de **Consultants** (UFARCO) : www.ufarco.com

Fédération Française des **Courtiers d'Assurances** et de Réassurances (FCA) : www.csca.fr

Société Française de **Coaching** : www.sfcoach.org

Dirigeants **Commerciaux** de France (DCF) : www.dcf-france.com

Information Presse et Communication (**Communication externe**) : www.infopressecom.org

Association des Directeurs de **Comptabilité** des Établissements de Crédit et des Entreprises d'Investissement (ADICECEI) : www.adicecei.com

Association des Directeurs de **Comptabilité** et de Gestion (APDC) : http://www.apdc-france.com

Association Française des **Crédit Managers** et Conseil (AFDCC) : http://www.afdcc.com

Association Française de **Finance** (AFFI) : www.affi.asso.fr

Association Nationale des Directeurs **Financiers** et de **Contrôle de Gestion** (DFCG) : www.dfcg.com

Groupement des Acteurs et Responsables de la **Formation** (GARF) : www.garf.asso.fr

Association Française des **Gestionnaires Actif Passif** (AFGAP) : www.afgap.com

Association Française d'**Audit** et du **Conseil Informatiques** (AFAI) : www.afai.fr

Club **Informatique** des grandes Entreprises Françaises (CIGREF) : www.cigref.fr

Association Française des Entreprises d'**Investissement** (AFEI) : www.afei.com

Association des **Journalistes de l'Information Sociale** (AJIS) : www.ajis.asso.fr

Association des **Juristes d'Assurance et de Réassurance** (AJAR) : www.ajar.asso.fr

Le Cercle Montesquieu (Directeurs **Juridiques**) : www.cercle-montesquieu.fr

Association Française des **Juristes d'Entreprise** (AFJE) : www.afje.org

Association Française pour la **Logistique** (ASLOG) : www.aslog.org

Comité Colbert (**luxe**) : www.comite-colbert.com

Association Française du **Marketing** (AFM) : www.afm-marketing.org

Association Nationale du **Marketing** (ADETEM) : www.adetem.org

Cercle du **Marketing Direct** : www.cercle-md.com

Entreprises et **Médias** : www.entreprises-medias.org

Association Nationale des Directeurs de **Partenariats** (ADA-LEC) : www.adalec.com

Entreprise & **Personnel** : www.entreprise-personnel.com

Cercle Magellan (**Ressources Humaines**) : www.magellan-network.com

Association Nationale des Directeurs des **Ressources Humaines** (ANDRH) : www.andrh.fr

Association Française de **Stratégie** et de Développement d'Entreprise (AFPLANE) : www.afplane.org

Association of Corporate Travel Executives (**tourisme**) : www.acte.org

Association Française des **Trésoriers** d'Entreprise (AFTE) : http://www.afte.com

Association du Forex et des **Trésoriers de Banque** (AFTB) : www.aftb.net

Femmes

Action de Femme : www.actiondefemme.fr

Action'elles : www.actionelles.fr

Association des Femmes Entrepreneurs d'Europe : www.afee_association.com

Arborus : www.arborus.org

Association des Femmes Chefs d'Entreprise : www.fcem.net

Business and Professionnal Women France : www.bpw-france.org

Cercle Inter'elles : http://interelles.canalblog.com

Club HRM Women : www.clubwomen.org

Cyber-Elles : www.cyber-elles.com

Dirigeantes : www.dirigeantes.fr

Entreprise au Féminin : www.lentrepriseaufeminin.com

European Professional Women's Network Paris : www.parispwn.net

Femmes Business Angels : www.femmesbusinessangels.org

Femmes Chefs d'Entreprise : www.fcefrance.com

Femmes Leaders : www.femmesleaders.com

Femmes 3000 : www.femmes3000.fr

Ladies' Circle International : www.lcfrance.org

Women's Forum for the Economy and Society : www.womens-forum.org

Zonta Club de France : http://perso.orange.fr/zontaclubsdefrance/

Anciens d'entreprise

Anciens d'**Accenture** : www.friendsofaccenture.com

Anciens de **Cap Gemini** : Escape : www.association-escape.com

Anciens de **Danone** : www.afterdan.net

Anciens de **Henkel** : www.clubancienshenkel.com

Anciens de **Mars** : http://marsxchange-ex-aftermars.over-blog.com

Anciens de **Nielsen** : http://anciensdenielsen.com

Anciens de **PriceWaterhouse Coopers** : www.clubexpwc.com

Anciens de **Procter & Gamble** : www.clubprocterien.com

Honorix (anciens de **Rank Xerox**) : www.honorix.org

Unilever Club (anciens d'**Unilever**) : http://uclub.secure.inspheris.com

Desunilog (anciens d'**Unilog**) : http://desunilog.com

Thomson **Alumni Club** : www.thomsonalumniclub.net

Chefs d'entreprise et dirigeants

Club Agora : www.club-agora.com

Club des Cordelières : www.club-cordelieres.org

Club des Entrepreneurs de la Gironde : www.cdje.net

Crans Montana Forum : www.cmf.ch

Entrepreneurs et Dirigeants Chrétiens : www.lesedc.org

Confédération Générale des Petites et Moyennes Entreprises (CGPME) : www.cgpme.fr

Esprits d'Entreprises : www.espritsdentreprises.fr

Fédération des Entreprises et Entrepreneurs de France (FEEF) : www.feef.org

IMS-Entreprendre pour la Cité : www.imsentreprendre.com

Club Entreprendre : www.clubentreprendre.biz

Institut of Directors (IOD) : www.iod.com

Institut Aspen France (Lyon) : www.aspenfrance.org

Le Cercle Managers Business Club (ex-Maxim's Business Club) : www.mbc-club.org

Association des Moyennes Entreprises Patrimoniales (ASMEP) : www.asmep.fr

Centre des Jeunes Dirigeants d'entreprise (CJD) : www.cjd.net

Croissance Plus : www.croissanceplus.com

Réseau Entreprendre (Lille) : www.reseau-entreprendre.org

Entreprises et Cités : www.entreprises-et-cites.com

Association Française des Entreprises Privées (AFEP) : www.amf-france.org

Entreprise et Progrès : www.entreprise-progres.net

Institut de l'Entreprise : www.institut-entreprise.fr

MEDEF : www.medef.fr

Mouvement Chrétien des Cadres et Dirigeants (MCC) : www.mcc.asso.fr

Association pour le Progrès du Management (APM) : www.apm.fr

Réussir (Toulouse) : www.reussir.org

Clubs régionaux

Fédération Nationale des Amicales **Aveyronnaises** (FNAA) : www.aveyron-fna.org

Association des **Cadres Bretons** (ACB) : www.cadres-bretons.org

Paris **Breton** : www.parisbreton.org

Bzhnetwork : www.bzhnetwork.com

Association des **Cadres Catalans** de Paris Île-de-France : www.cadrescatalansparis.com

Union Régionale des Ingénieurs et des Scientifiques d'**Aquitaine** (URISA) : http://www.urisa.fr

PariGones (**Lyonnais** à Paris) : www.parigones.net

Clubs de loisirs

Aéro Club de France : www.aeroclub.com

Paris **Golf** & Country Club : www.pariscountryclub.com

Polo de Paris : www.polodeparis.com

Stade Français : www.stadefrancais.com

Racing Club de France : www.racingclubdefrance.org

Cercle de la **Mer** : www.cercledelamer.com

Cercle de l'**Étrier** : www.etrierdeparis.com

Cercle de la **Voile** de Paris : www.regates-cvp.fr

Club des Croqueurs de **Chocolat** : www.croqueurschocolat.com

Golf de Saint Germain : www.golfsaintgermain.org

Golf de Saint-Cloud : www.golfsaintcloud.com

Ritz Health Club : www.ritzparis.com

Rotary Club : www.rotary-francophone.org

Lions Club : www.lions-france.org

Hôtel Saint James Paris : www.saint-james-paris.com

Tennis Club de Paris : www.tennisclubdeparis.fr

Villa Primrose (**sports** Bordeaux) : www.villaprimrose.com

Wine & Business Club : www.winebusinessclub.fr

Yacht Club de France (nautisme) : www.ycf-club.fr

Association pour le Développement du **Mécénat** Industriel et Commercial (ADMICAL) : www.admical.org

Press Club de France : www.pressclub.fr

Institut du **Droit Social** : www.club-ids.com

Observatoire sur la **Responsabilité Sociétale** des Entreprises (ORSE) : www.orse.org

Mouvement Génération **RH** : www.generation-rh.com

Club Européen des **Ressources Humaines** : www.euroclub-hr.com

Association Française des **Juristes d'Entreprise** : www.afje.org

Clubs de prestige

Automobile Club de France : www.automobileclub.org

Cercle Foch : www.cerclefoch.fr

Cercle de l'Union Interalliée : www.cercle-interallie.fr

Cercle du Bois de Boulogne : www.letir.fr
Cercle du Jockey Club : pas de site, discrétion oblige
Institut Montaigne : www.institutmontaigne.org
Le Siècle : www.syti.net
Ordre de Malte : www.ordredemaltefrance.org

Club de minorités

Réseau Francophone des Femmes d'Affaires Noires et Issues des Minorités (RFFAN) : www.rffan.org
Syndicat National des Entreprises Gaies (SNEG) : new.sneg.org
L'Autre Cercle (homosexuels) : www.autrecercle.org

Clubs de réflexion politique et sociale

À gauche en Europe : www.gauche-en-europe.org
Association pour la Liberté Économique et le Progrès Social (ALEPS) : www.libres.org
Fondation Concorde : www.fondationconcorde.com
Fondation Robert Schuman : www.robert-schuman.org
Fondation Jean Jaurès : www.jean-jaures.org
Cercle Léon Blum : www.cercle-leon-blum.org
Fondation Copernic : www.fondation-copernic.org
Club de l'Horloge : www.clubdelhorloge.fr
Dialogue et Initiative : www.dialogue-initiative.com
Cercle Républicain : www.cerclerepublicain.com

Pour plus de détails sur ces associations et clubs, vous pouvez consulter le guide de Laurent Renard cité dans la bibliographie.

Outil 10

Test Réseau : Êtes-vous un bon *Business Networker* ?

Répondez en cochant l'une des deux cases.

1. Je n'utilise jamais le Réseau pour faire des affaires :
[ ] Oui   [ ] Non

2. Dans une manifestation professionnelle, je fais facilement la connaissance d'au moins deux prospects/connecteurs potentiels :
[ ] Oui   [ ] Non

3. Je ne rappelle jamais les prospects perdus :
[ ] Oui   [ ] Non

4. J'envoie (et/ou je réponds à) plus de cent cartes de vœux par an :
[ ] Oui   [ ] Non

5. Je ne prends jamais de nouvelles de mes anciens clients :
[ ] Oui   [ ] Non

6. Je m'efforce de ne jamais déjeuner seul :
[ ] Oui   [ ] Non

7. Ce sont toujours mes relations d'affaires qui me contactent pour prendre de mes nouvelles :
[ ] Oui   [ ] Non

8. Mon carnet d'adresses est tenu à jour. J'y reporte les changements de coordonnées des personnes de mon entourage professionnel et y inscris le nom de mes nouveaux contacts :

☐ Oui   ☐ Non

9. Je ne suis pas inscrit et/ou actif sur Viadeo et LinkedIn :

☐ Oui   ☐ Non

10. Je sais poser des questions à un interlocuteur en m'intéressant sincèrement à lui et à son métier :

☐ Oui   ☐ Non

11. Je ne parle jamais à mes concurrents :

☐ Oui   ☐ Non

12. Je sais accueillir aimablement les personnes que je ne connais pas, même si elles ne sont pas des clients potentiels évidents :

☐ Oui   ☐ Non

13. Je n'aime pas que l'on m'aide, je ne veux rien devoir à personne :

☐ Oui   ☐ Non

14. Mes clients font partie d'un programme de suivi et de relances précis :

☐ Oui   ☐ Non

15. Pour réussir dans les affaires, il ne faut rester caché :

☐ Oui   ☐ Non

16. Je suis un membre actif d'au moins trois associations et/ou clubs :

☐ Oui   ☐ Non

17. Je ne m'intéresse qu'à mes clients et à mes prospects :

☐ Oui   ☐ Non

18. Je sais dire « merci » :

    [ ] Oui   [ ] Non

19. Un client mécontent est un client perdu :

    [ ] Oui   [ ] Non

20. Cela ne me pose pas de problème d'appeler quelqu'un que je ne connais pas au téléphone, si je le fais avec une bonne recommandation :

    [ ] Oui   [ ] Non

21. Je n'aime pas rendre service aux autres, c'est une perte de temps :

    [ ] Oui   [ ] Non

22. Les gens se souviennent généralement de moi et des solutions que je peux apporter :

    [ ] Oui   [ ] Non

23. Je ne m'efforce pas de renouveler mon réseau, cela se fait tout seul :

    [ ] Oui   [ ] Non

24. J'ai une très bonne mémoire des noms :

    [ ] Oui   [ ] Non

25. Je n'ai jamais de cartes de visite professionnelles sur moi :

    [ ] Oui   [ ] Non

26. Je n'ai aucun souci pour appeler une personne que je n'ai pas vue depuis plusieurs années :

    [ ] Oui   [ ] Non

27. Je ne rends jamais service spontanément :

    [ ] Oui   [ ] Non

28. Je suis d'un naturel optimiste et sociable :
    ☐ Oui   ☐ Non

29. Je ne suis jamais invité à des manifestations professionnelles :
    ☐ Oui   ☐ Non

30. J'ai acheté ce livre (et je ne l'ai pas photocopié) :
    ☐ Oui   ☐ Non

Score

Comptez 1 point pour toutes les affirmations impaires auxquelles vous avez répondu « non » et 1 point pour toutes les phrases paires où vous avez coché la case « oui ». Faites le total des points.

Plus de 25 points : bravo ! Vous avez une bonne approche de *Business Networking*, mais ce n'est pas une raison pour vous endormir sur vos lauriers. Il reste certainement des domaines du Réseautage d'affaires où vous pouvez encore progresser.

Entre 20 et 25 points : vous avez de bonnes bases. Encore un effort et vous deviendrez un As du Réseau !

Entre 15 et 20 points : comme beaucoup de professionnels, vous n'avez pas encore intégré le *Business Networking*. C'est le moment d'utiliser une nouvelle technique de développement d'affaires.

Moins de 15 points : votre marge de progrès est importante. Dans ce cas, autant vous y mettre tout de suite et vous serez étonné des résultats ! Ou alors vous êtes réfractaire au Réseau, auquel cas parlez-en à un spécialiste pour qu'il analyse vos freins avec vous.

BIBLIOGRAPHIE

Ouvrages

ABRAHAM Richard, *Mr Shmooze. The Art of Selling Through Relationships*, The Richard Abraham Co, 2002.

ALGAN Yann, CAHUC Pierre, *La société de défiance*, Rue d'Ulm, 2007.

APFELDORFER Gérard, *Les relations durables : amoureuses, amicales et professionnelles*, Odile Jacob, 2006.

AXELROD Robert, *Comment réussir dans un monde d'égoïstes – théorie du comportement coopératif*, Odile Jacob, 2006.

BAKER Wayne, *Achieving Success through Social Capital*, Jossey Bass, 2000.

BECKWITH Harry, *Vendre l'invisible – Un guide pratique du marketing moderne*, AdA, 1997.

BEN-SHAHAR Tal, *L'apprentissage de l'imperfection*, Belfond, 2010.

BOMMELAER Hervé, *Rebondir en temps de crise*, Eyrolles, 2009.

BOMMELAER Hervé, *Booster sa carrière grâce au Réseau*, Eyrolles, 2007.

BOMMELAER Hervé, *Trouver le bon job grâce au Réseau*, 3e édition, Eyrolles, 2009.

BOOTHMAN Nicholas, *Tout se joue en moins de 2 minutes*, Marabout, 2007.

BRASSIER Pascal, *Boostez vos ventes grâce aux réseaux sociaux*, Eyrolles, 2009.

BURG Bob, *Endless Referrals : Network your Everyday Contacts into Sales*, Mc Graw Hill, 1998.

CARDINAL Lise, *Réseautage d'affaires : mode d'emploi*, Transcontinental, 2007.

CARDINAL Lise, TREMBLAY Johanne, *Comment bâtir un Réseau de contacts solide*, Transcontinental, 2003.

CARNEGIE Dale, *Comment se faire des amis*, LGF, livre de poche, 1990.

CATES Bill, *Get More Referrals Now !*, Mc Graw Hill, 2004.

FERRAZZI Keith, *Never Eat Alone : And Other Secrets to Success, One Relationship At A Time*, Double Day, 2005.

FERRAZZI Keith, *Who's got your back*, Broadway Books, 2009.

FISHER Donna, VILAS Sandy, *Power Networking : 59 Secrets for Personal and Professional Success*, Bard Press, 2000.

FOX Jeffrey, *Les 50 principes des ADV – Comment devenir un As De la Vente*, L'Archipel, 2002.

GLADWELL Malcolm, *Le point de bascule - Comment faire une grande différence avec de très petites choses*, Transcontinental, 2006.

HART Rupert, *Effective Networking for Professional Success*, Stirling books, 1997

HOPKINS Tom, *La vente quand les temps sont durs*, Éditions de l'Homme, 2010.

HUNT Tara, *L'effet Whuffie - Tirer parti de la puissance des réseaux sociaux pour développer son business*, Diateino, 2010.

KRAMER Marc, *Power Networking*, McGraw Hill, 1997.

MARCON Christian, MOINET Nicolas, *Développez et activez vos réseaux relationnels*, 2e édition, Dunod 2007.

MISNER R. Ivan, MORGAN Don, *The 29 % Solution – 52 Weekly Networking Success Strategies*, Green Leaf 2008.

MISNER R. Ivan, MORGAN Don, *Masters of Networking : Building Relationships for your Pocketbook and Soul*, Bard Press, 2000.

MISNER R. Ivan, ROBERT Davis, *Business by Referral : A Sure-Fire way to generate New Business*, Bard Press, 1998.

MACKAY Harvey, *Dig Your Well Before You're Thirsty*, Currency, 1999.

NIERENBERG Andrea R., *Nonstop Networking : How to Improve your Life, Luck and Career*, Capital Book, 2004.

PETERS Tom, *The Brand You 50*, Alfred A. Knopf, 1999.

RIES Al, TROUT Jack, *Positioning*, Mc Graw–Hill, 2001.

REICHFIELD Fred, *The Ultimate Question*, Bain a Company Books, 2006

RENARD Laurent, *Le guide des clubs, cercles et réseaux d'influence*, Pearson Village Mondial, 2010.

ROANE Susan, *How to Work a Room : Your Essential Guide to Savvy Socializing and Networking*, Robson Books, 2002.

SOULEZ Bettina, *Cultivez votre Réseau professionnel !* Éditions d'Organisation, 1999.

TEMPLETON Tim, *The Referral of a Lifetime*, Berret-Koeler Publishers, 2005.

TROUT Jack, *Les nouvelles lois du positionnement*, Village Mondial, 2004.

TULLIER L. Michelle, *Networking for Everyone : Connecting with People for Career and Job Success*, Jist Publishing, 1998.

Articles

ASKENAZI Bruno, « Les bons réflexes pour conquérir de nouveaux clients » *Management,* Novembre 2010

BILLINGTON Jim, « Can a Shy Person Can Network ? », *Harvard Management Review*, September 1996.

BOMMELAER Hervé, « Le Réseau, bon antidote à la crise », *Jaune et Noir – Revue de Polytechnique,* Novembre 2010.

BOMMELAER Hervé, « Networking or Not Working », *Reflets Essec*, juin 2008.

BOMMELAER Hervé, « Mieux piloter sa carrière grâce au réseau » *Centraliens*, Avril/mai 2007.

CASCIARO Tiziana, SOUSA LOBO Miguel, « Competent Jerks, Lovable Fools, and the Formation of Social Networks », *Harvard Business Review*, June 2005.

CROS Rob, LIEDTKA Jeanne, WEISS Leigh, « A Practical Guide to Social Networks », *Harvard Business Review*, March 2005.

HUET Jean-Michel, « Quel avenir pour les réseaux dans le management ? », *L'Expansion Management Review*, juin 2009.

LEBOUCQ Valérie, « Le client, un vendeur qui s'ignore », *Les Échos*, 2 mars 2009.

MITROFANOFF Kira, « Réseaux conquérants », *Challenges*, 28 octobre 2010.

PISANO Gary, VERGANTI Roberto, « Which Kind of Collaboration is Right for You ? », *Harvard Business Review*, December 2008.

USTUNER T, GODES D, « Better Sales Network », *Harvard Business Review*, Juillet-août 2006.

UZZI Brian, DUNLAP Shannon, « How to Build Your Network », *Harvard Business Review*, December 2005.

INDEX